T0232380

Mit der allgegenwärtigen IT ist auch die Bedeutung der Sicherheit von Informationen und IT-Systemen immens gestiegen. Angesichts der komplexen Materie und des schnellen Fortschritts der Informationstechnik benötigen IT-Profis dazu fundiertes und gut aufbereitetes Wissen.

Die Buchreihe Edition <kes> liefert das notwendige Know-how, fördert das Risikobewusstsein und hilft bei der Entwicklung und Umsetzung von Lösungen zur Sicherheit von IT-Systemen und ihrer Umgebung.

Die <kes> – Zeitschrift für Informations-Sicherheit – wird von der DATAKONTEXT GmbH im zweimonatigen Rhythmus veröffentlicht und behandelt alle sicherheitsrelevanten Themen von Audits über Sicherheits-Policies bis hin zu Verschlüsselung und Zugangskontrolle. Außerdem liefert sie Informationen über neue Sicherheits-Hard- und -Software sowie die einschlägige Gesetzgebung zu Multimedia und Datenschutz. Nähere Informationen rund um die Fachzeitschrift finden Sie unter www.kes.info.

Eberhard von Faber

IT-Service-Security in Begriffen und Zusammenhängen

Managementmethoden und Rezepte für Anwender und IT-Dienstleister

 Springer Vieweg

Eberhard von Faber
Bornheim, Deutschland

ISSN 2522-0551   ISSN 2522-056X   (electronic)
Edition <kes>
ISBN 978-3-658-41932-5   ISBN 978-3-658-41933-2   (eBook)
https://doi.org/10.1007/978-3-658-41933-2

Die Deutsche Nationalbibliothek verzeichnet diese Publikation in der Deutschen Nationalbibliografie; detaillierte bibliografische Daten sind im Internet über http://dnb.d-nb.de abrufbar.

© Der/die Herausgeber bzw. der/die Autor(en), exklusiv lizenziert an Springer Fachmedien Wiesbaden GmbH, ein Teil von Springer Nature 2023

Das Werk einschließlich aller seiner Teile ist urheberrechtlich geschützt. Jede Verwertung, die nicht ausdrücklich vom Urheberrechtsgesetz zugelassen ist, bedarf der vorherigen Zustimmung des Verlags. Das gilt insbesondere für Vervielfältigungen, Bearbeitungen, Übersetzungen, Mikroverfilmungen und die Einspeicherung und Verarbeitung in elektronischen Systemen.
Die Wiedergabe von allgemein beschreibenden Bezeichnungen, Marken, Unternehmensnamen etc. in diesem Werk bedeutet nicht, dass diese frei durch jedermann benutzt werden dürfen. Die Berechtigung zur Benutzung unterliegt, auch ohne gesonderten Hinweis hierzu, den Regeln des Markenrechts. Die Rechte des jeweiligen Zeicheninhabers sind zu beachten.
Der Verlag, die Autoren und die Herausgeber gehen davon aus, dass die Angaben und Informationen in diesem Werk zum Zeitpunkt der Veröffentlichung vollständig und korrekt sind. Weder der Verlag noch die Autoren oder die Herausgeber übernehmen, ausdrücklich oder implizit, Gewähr für den Inhalt des Werkes, etwaige Fehler oder Äußerungen. Der Verlag bleibt im Hinblick auf geografische Zuordnungen und Gebietsbezeichnungen in veröffentlichten Karten und Institutionsadressen neutral.

Planung/Lektorat: David Imgrund
Springer Vieweg ist ein Imprint der eingetragenen Gesellschaft Springer Fachmedien Wiesbaden GmbH und ist ein Teil von Springer Nature.
Die Anschrift der Gesellschaft ist: Abraham-Lincoln-Str. 46, 65189 Wiesbaden, Germany

Vorbemerkungen

Für die IT- bzw. Cybersecurity von IT-Dienstleistungen (IT-Services) zu sorgen, kann ein komplexes Unterfangen sein. Das erreichte Maß an IT-Sicherheit adäquat einzuschätzen nicht minder. Je größer die IT-Produktion und je vielfältiger die IT-Services (das Portfolio), desto unübersichtlicher werden diese Aufgaben.

Dieses Buch bringt Ordnung in das Dickicht von Prozessen, Aktivitäten und Informationen, indem neue Begriffe eingeführt und definiert werden sowie existierende geschärft und in den Zusammenhang gesetzt werden.

Die Aufteilung der komplexen Materie in einzelne Begriffe ermöglicht es dem Leser, sich jeweils auf eine Fragestellung konzentrieren zu können.

Zusammenhänge werden durch die Abfolge und Hierarchie der Begriffe offenbar sowie durch Verweise und Zwischentexte. Der Gesamtzusammenhang erschließt sich bereits bei den allgemeineren Begriffen am Anfang. Das Verständnis wird weiter vertieft, je mehr Details nachfolgende Beschreibungen liefern.

Abbildungen bzw. Schaubilder unterstützen die Orientierung.

In diesem Buch geht es allein um das Management der IT-Sicherheit, genauer um das Sicherheitsmanagement von IT-Services! Das Management hat primär die Aufgabe, die notwendigen Voraussetzungen dafür zu schaffen, dass definierte Ziele erreicht werden. Dazu werden zum Beispiel Themen gegliedert, Abläufe spezifiziert und Aufgabenbereiche definiert. Genau dies ist das Ziel und der Inhalt dieses Buches. Das Buch richtet sich an Anwender (Anwenderorganisationen) und an IT-Dienstleister (Firmen und IT-Abteilungen) und ist hilfreich für Hersteller, die beide Parteien zufriedenstellen müssen.

Dieses Buch liefert eine neue und stark verbesserte Version der Sicherheitsarchitektur ESARIS (Enterprise Architecture for Reliable ICT Services).

→ Fragen Sie sich, was so kompliziert an „IT-Service-Security" ist und warum es ein Buch braucht, um zu erklären, wie man sie „managed"? Auf der nächsten Seite finden Sie ein einfaches Beispiel für vier Arten von Übereinstimmung (Compliance). Alle vier sind wichtig sowohl für den Anwender als auch für den IT-Dienstleister. Allein dies erhöht die Komplexität. Das Beispiel zeigt aber auch wie man sie mit etwas Systematik meistern kann.

→ Fehlt etwas? Sind Sie anderer Meinung? Schreiben Sie mir eine E-Mail an ESARIS@t-online.de!

Alle 30 Abbildungen und eventuell weiteres Zusatzmaterial finden Sie in elektronischer Form über https://link.springer.com/ auf der Seite der eBook-Version.

Meine Bitte: Vielen Dank, wenn Sie dieses Buch bereits *gekauft haben*. Es macht *sehr* viel Arbeit, ein solches Buch zu schreiben. Empfehlen Sie das Buch gerne weiter, wenn Sie es nützlich finden. Aber kopieren Sie es *bitte nicht*. Danke

Warum „IT-Service-Security" komplexer ist, als manche denken… Ein Beispiel.

Übereinstimmung (Compliance) ist ein Trend, ein Muss oder einfach nur etwas sehr Grundlegendes. Denn Ziele, Vorgaben, Standards und dergleichen sind sinnlos, wenn man nicht auch prüft, ob sie erreicht bzw. eingehalten werden, man also eine Übereinstimmung feststellen konnte. Und ohne Ziele, Vorgaben, Standards und dergleichen ist alles beliebig und daher nutzlos.

Abb. 1 veranschaulicht, welche Übereinstimmungen zu prüfen und sicherzustellen sind, damit ein IT-Service (rechts oben in Rot) den vertraglichen Zusicherungen (in Gelb links) entspricht. Es gibt vier Arten oder Formationen von Soll-Ist-Paaren, für die die Compliance zu prüfen ist. Dies erwartet der Anwender (Kunde) und der IT-Dienstleister muss sie herstellen und prüfen.

Wir besprechen alle vier Fälle nacheinander in der an dieser Stelle gebotenen Kürze. (Weiter unten im Buch werden die verwendeten Begriffe und Zusammenhänge genauer erläutert.)

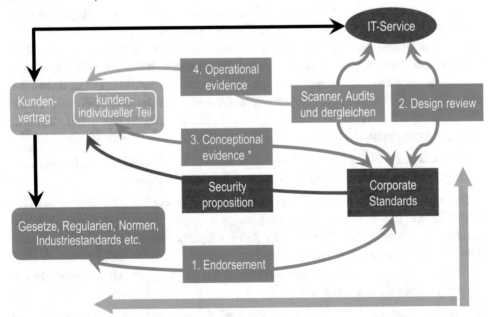

Abb. 1: Vier Arten der Feststellung der Übereinstimmung (Compliance) eines IT-Service

1. Endorsement (siehe Abb. 1): Anwenderorganisationen müssen selbst Gesetze, Regularien, Normen und dergleichen erfüllen und einige dieser Anforderungen können die IT betreffen, die sie nicht selbst herstellen, sondern von einem IT-Dienstleister beziehen. Seinen eigenen Standards folgend (Corporate Standards, siehe

Abb. 1) sorgt der IT-Dienstleister für die Absicherung der IT-Services. Er wird daher im Vorfeld prüfen, ob seine eigenen Standards ausreichen, um die Kundenanforderungen zu erfüllen, die sich aus bestimmten Gesetze, Regularien, Normen und dergleichen für ihn ergeben.

Die Anwenderorganisationen (Kunden) erhalten Informationen zur IT-Sicherheit der IT-Services (siehe Security proposition in Abb. 1), die auf den Standards des IT-Dienstleisters basieren.

2. Design reviews (siehe Abb. 1): Der IT-Dienstleister entwickelt und implementiert seine IT-Services. Seine eigenen Standards sind die Grundlage dafür und bestimmen, wie sie abgesichert werden. Im Rahmen der Qualitätssicherung muss er überprüfen, ob und in wieweit die anzuwendenden Standards bei der Entwicklung und Implementierung wirklich umgesetzt wurden. Dies ist der zweite Compliance-Bereich.

3. Conceptional evidence (siehe Abb. 1): Gerade größere Anwenderorganisationen haben häufig eigene Vorstellungen und Anforderungen an die IT-Service-Security. Dies kann sehr unterschiedliche Gründe haben. Aber IT ist selten völlig identisch und „one size fits it all" gilt auch in der IT-Sicherheit nicht immer. In diesen Fällen muss geprüft werden, ob die kundenindividuellen Anforderungen erfüllt werden können. Diese dritte Form von Übereinstimmung ist nur relevant im Falle kundenindividueller Verträge bzw. Vertragsklauseln.

4. Operational evidence (siehe Abb. 1): Ist bis hierher alles OK., kann der Vertrag unterzeichnet werden, und der IT-Dienstleister kann den IT-Service bereitstellen. Allerdings wird die IT laufend geändert, die Bedrohungssituation verändert sich gegebenenfalls ebenfalls und die IT-Sicherheitsmaßnahmen müssen laufend daraufhin überprüft werden, ob sie ausreichend wirksam sind. Sowohl der IT-Dienstleister selbst als auch die Anwenderorganisation benötigen und erwarten daher entsprechende Überprüfungen und Berichte über deren Ergebnisse meist in Form von Security Reports. Diese Compliance-Überprüfungen werden meist sehr stark automatisiert.

Die vier Fälle wurden hier nur oberflächlich skizziert. Sie sollen zeigen, dass es diverse Quellen (für Vorgaben) und mehrere Arten der Überprüfung (der Compliance) gibt. Allein dies ist einer der Gründe für mehr Komplexität bei der Absicherung geschäftsmäßig angebotener IT-Services und deren Nutzung.

Das Beispiel soll aber auch verdeutlichen, wie dieses Buch mit Hilfe von Systematik und mit Begrifflichkeiten Ordnung schafft, Zusammenhänge erhellt und konkret dabei unterstützt, IT-Service-Security erfolgreich und mit Augenmaß umzusetzen.

Eberhard von Faber

Die Wiedergabe von Gebrauchsnamen, Handelsbezeichnungen, Warenbezeichnungen usw. in diesem Buch berechtigt auch ohne besondere Kennzeichnung nicht zu der Annahme, dass solche Namen im Sinne von Warenzeichen- und Markenschutz-Gesetzgebung als frei zu betrachten wären und daher von jedermann genutzt werden dürfen. Gebrauchsnamen, Handelsbezeichnungen, Warenbezeichnungen usw. können geschützte oder registrierte Marken sein. Dies gilt u.a. für Windows und andere Bezeichnungen, die Marken und Eigentum der Eigentümer sind. Solche und andere Namen werden in diesem Buch nur benutzt für die Identifikation von Gegenständen, Sachverhalten o.ä., ohne die Absicht, irgendwelche Rechte zu verletzen.

Die Abbildungen und Texte in diesem Buch sind urheberrechtlich geschützt.

Inhaltsverzeichnis

Abbildungen und Tabellen

Abbildungsverzeichnis

Tabellenverzeichnis

1 Einführung

1.1 Über dieses Buch

Der Autor arbeitet seit vielen Jahren im Bereich Absicherung von IT-Dienstleistungen (IT-Services) und hat schon viel darüber geschrieben. Das erste Buch über IT-Service-Security zeigt im Nachhinein, dass sich die Gesamtarchitektur und ihre Konzepte im Jahr 2012 noch etwas im Entwicklungs- bzw. Experimentierstadium befanden. Das zweite Buch von 2017 versuchte, das Ganze sehr logisch und planmäßig aufzubauen, worunter manchmal die Lesbarkeit litt. Das dritte Buch von 2018 merzte den Mangel aus, dass sich die beiden ersten fast ausschließlich an IT-Dienstleister richteten, auch wenn dieser zur Kundenorientierung geradezu gedrängt wurde.

Das vorliegende Buch richtet sich sowohl an IT-Dienstleister (einschließlich IT-Abteilungen) als auch an Anwenderorganisationen (einschließlich Geschäftseinheiten), insofern die IT-Dienstleistungen (IT-Services) einen gewissen Umfang und eine größere Komplexität aufweisen. Wir befinden uns im B2B-Bereich (Geschäfte zwischen größeren Firmen, Behörden und dergleichen bzw. bei adäquater Größe zwischen ihren Gliederungen). Das Buch baut auf mehr als einem Jahrzehnt praktischer Erfahrung auf und baut die Sicherheitsarchitektur ESARIS (Enterprise Architecture for Reliable ICT Services) und ihre Konzepte leicht lesbar vom Allgemeinen zum Konkreten auf.

Der Autor hat sich außerdem entschieden, das Konzept seines erfreulich erfolgreichen „thematisch sortierten Lexikons" (über IT und IT-Sicherheit) von 2021 zu nutzen. Es handelt sich aber um kein Lexikon im herkömmlichen Sinne.

- Der Kern der Informationen zu einem Thema wird anhand von Begriffsdefinitionen gegeben. Diese sind hierarchisch sortiert. Nachfolgende erweitern und verfeinern bereits erläuterte Begriffe und Zusammenhänge.
- Ein Eintrag erklärt nicht nur einen Begriff. Anhand einzelner Begriffe wird eine „Angelegenheit" erläutert, wobei mitunter auch weitere Begriffe vollständig erklärt werden, die in diesem Zusammenhang von Bedeutung sind.
- Die einzelnen Begriffserklärungen sind lexikonartig, also relativ kurz und präzise. Dies kommt Lesern entgegen, die es gewohnt sind, Informationsschnipsel zu verarbeiten, die sie dann schrittweise zusammenfügen.

Ergänzende Information Die elektronische Version dieses Kapitels enthält Zusatzmaterial, auf das über folgenden Link zugegriffen werden kann https://doi.org/10.1007/978-3-658-41933-2_1.

© Der/die Autor(en), exklusiv lizenziert an
Springer Fachmedien Wiesbaden GmbH, ein Teil von Springer Nature 2023
E. von Faber, *IT-Service-Security in Begriffen und Zusammenhängen*,

- Zu jedem Thema gibt es allgemein verständliche Einführungen, die vor allem den Kontext herstellen, der es erleichtert, den Praxisbezug herzustellen, und dazu einlädt, die Möglichkeiten der eigenen Anwendung auszuloten.

Die Strukturierung nach Begrifflichkeiten hat große Vorteile:

- Sie erleichtert den Informationsaustausch enorm. Verwendet man diese Begriffe, wird von vornherein ausgeschlossen, dass Fachleute wertvolle Zeit für eine lange Diskussion aufwenden, um am Ende feststellen zu müssen, dass man (wieder einmal) völlig aneinander vorbeidiskutiert hat, weil jeder von einer anderen Situation oder Konstellation ausging.

- Die meisten Begriffe in diesem Buch sind allerdings kein Gemeingut. Sie wurden vom Autor vielmehr gewählt, um das komplexe Unterfangen „Sichere IT-Services" in einzelne kleine Abschnitte zu gliedern, um es handhabbar und besser verständlich zu machen und um eine zielgruppenspezifische Auswahl zu ermöglichen. Modularisierung ermöglicht Spezialisierung und Arbeitsteilung.

In diesem Buch geht es allein um das MANAGEMENT der IT-Sicherheit! Also um das Organisieren, Orchestrieren und Optimieren. Manager leiten die ihnen zugeordneten Fachleute an. Primär haben sie aber dafür zu sorgen, DASS DIE NOTWENDIGEN VORAUSSETZUNGEN VORHANDEN SIND, die es den Fachleuten und dem übrigen Personal ermöglichen, EFFEKTIV (d.h. wirkungsvoll in Richtung gemeinsamer Ziele) und EFFIZIENT (d.h. mit möglichst wenig Einsatz mit Mitteln und Zeit) ZU ARBEITEN.

In größeren Organisationen schafft man die notwendigen Voraussetzungen für Effektivität und Effizienz, indem man zunächst Organisationsformen schafft wie zum Beispiel Prozesse und Gliederungen von Themen und Aufgabenbereichen. Genau dies ist das Ziel und der Inhalt dieses Buches. – Für die Bereitstellung von IT-Services wurde dergleichen beispielsweise mit dem IT-Service-Management nach ISO/IEC 20000 geliefert. Ein erfolgreiches Modell für die IT-Service-Security ist die Sicherheitsarchitektur ESARIS, deren Grundideen diese Buch nutzt, verändert, erweitert, und somit ESARIS neu aufbaut und darstellt.

> Da das eBook auch kapitelweise erhältlich ist und Teile gegebenenfalls auch anderweitig verwendet werden, wiederholen sich Hinweise auf Quellen und weiterführende Literatur immer einmal wieder. Dies erschien auch deshalb nötig, weil mitunter sogar nicht gekennzeichnete Eigenzitate als problematisch angesehen werden. Dieses Buch enthält früheres Text- und Bildmaterial des Autors.

Ich habe mich darum bemüht, dem Deutschen den Vorzug zu geben. Die englischen Begriffe sind zusätzlich angegeben. **Fettschrift** wird für den Begriff verwendet, wenn er an dieser Stelle erklärt wird. *Kursivschrift* weist darauf hin, dass der Begriff an anderer Stelle erklärt wird. Als Hervorhebung werden KAPITÄLCHEN genutzt. Sollte der Leser eine bestimmte Begriffsdefinition nicht finden können, empfehlen wir, das Stichwortregister (Index) am Ende des Buches zu befragen.

1.2 Über den Autor

Eberhard von Faber studierte Theoretische Elektrotechnik sowie Physik und promovierte auf dem Gebiet der Halbleiterphysik. Er ist Chief Security Advisor, IT-Services, bei T-Systems und nebenberuflich Professor für IT-Sicherheit.

Quelle: privat

Im Januar 1992 begann er seine berufliche Laufbahn in der Industrie als Entwickler von Sicherheitssystemen. Er entwickelte CryptCard, das weltweit erste, hardware-basierte Sicherheitssystem für Notebook-Computer einschließlich der gesamten hochintegrierten Elektronik.

Danach war er auf verschiedenen Gebieten im Security-Engineering, Security-Consulting und der Evaluierung von Produkten und Lösungen tätig. Herr von Faber entwickelte zum Beispiel die Basisspezifikation einer noch heute erfolgreich im Einsatz befindlichen "Wegfahrsperre" eines führenden Automobilkonzerns und eine Infrastrukturlösung für die sichere Kommunikation im Finanzsektor. Er führte 1995/1996 den Nachweis, dass der in der Finanzwirtschaft verwendete kryptografische Algorithmus DES durch einen Brute-Force-Angriff gebrochen werden kann. Es wurde daraufhin entschieden, den Algorithmus in allen Komponenten des kartenbasierten Zahlungsverkehrs zu ersetzen.

Herr von Faber war lange als Evaluator und Gutachter tätig. Speziell untersuchte er die Sicherheit von Chips, die im Zahlungsverkehr etwa in Form von Debit- und Kreditkarten weltweit zum Einsatz kommen. Er entwickelte einige ausgeklügelte, meist invasive neue Angriffstechniken. Er ist Hauptautor eines internationalen Standards für die Sicherheit von integrierten Schaltkreisen für Debit- und Kreditkarten. Er baute das Geschäft mit Evaluierungen gemäß ITSEC und später Common Criteria auf und leitete die international tätige Prüfstelle.

Als Stabsleiter der Geschäftsführung einer auf Dienstleistungen und -lösungen zur IT-Sicherheit spezialisierten Geschäftseinheit eines IT-Konzerns war er für die strategische Ausrichtung und die Geschäftsentwicklung verantwortlich. Er arbeitete als Offering Manager für IT-Sicherheit und später als Executive Consultant.

Ende 2010 übernahm Herrn von Faber die Aufgabe, die Absicherung aller IT/TK-Services von T-Systems zu verbessern und völlig neu zu organisieren. Er entwickelte Dutzende neuer Methoden und Standards und verbesserte Transparenz, Effektivität und Effizienz. Dies führte zur Sicherheitsarchitektur *ESARIS*.

Er ist Autor einiger Bücher und zeichnet für mehr als 150 Veröffentlichungen und Konferenzbeiträge verantwortlich. Sein besonderes Interesse gilt der effizienten Sicherstellung der IT-Sicherheit, der Umsetzung in komplexen Liefernetzwerken und der Beziehung zwischen Kunde und IT-Dienstleister.

1.3   Literaturhinweise

Die folgende Aufstellung enthält einige Werke, die den Inhalt des vorliegenden Buches vertiefen bzw. Hintergrundwissen vermitteln. Die Liste ist in keiner Weise erschöpfend. Weitere Quellen und Literaturhinweise findet man in den jeweiligen Kapiteln.

[1]   ISO/IEC 27000 - Information technology — Security techniques — Information security management systems — Overview and vocabulary

[2]   ISO/IEC 20000 – Information technology – Service management – Part 1: Service management system requirements, Part 2: Guidance on the application of service management systems

[3]   Eberhard von Faber: IT und IT-Sicherheit in Begriffen und Zusammenhängen, Thematisch sortiertes Lexikon mit alphabetischem Register zum Nachschlagen; Springer Vieweg, Wiesbaden 2021, 289 Seiten, 64 farbige Abbildungen, ISBN 978-3-658-33430-7, https://doi.org/10.1007/978-3-658-33431-4

[4]   Eberhard von Faber and Wolfgang Behnsen: Secure ICT Service Provisioning for Cloud, Mobile and Beyond (ESARIS: The Answer to the Demands of Industrialized IT Production Balancing Between Buyers and Providers); Springer Vieweg, Wiesbaden 2017, 383 pages, 159 figures, ISBN 978-3-658-16481-2, 2nd updated and extended Edition, https://doi.org/10.1007/978-3-658-16482-9; (Die Erstauflage von 2012 ist völlig anders organisiert und enthält vieles gar nicht.)

[5]   Eberhard von Faber and Wolfgang Behnsen: Joint Security Management: organisationsübergreifend handeln (Mehr Sicherheit im Zeitalter von Cloud-Computing, IT-Dienstleistungen und industrialisierter IT-Produktion); Springer Vieweg, Wiesbaden 2018, 244 Seiten, 60 farbige Abbildungen, ISBN 978-3-658-20833-2, https://doi.org/10.1007/978-3-658-20834-9

ELEKTRONISCHES ZUSATZMATERIAL
Alle 30 Abbildungen dieses Buches sind als PowerPoint-Datei über https://link.springer.com/ auf der Seite des eBooks abrufbar.

2 Das Umfeld

Ist die Absicherung von IT-Services wirklich so kompliziert? Warum? Abb. 2 zeigt zwei Flugzeuge. Bei welchem müssen wir mehr für die Sicherheit tun? Natürlich beim Airbus A380 (rechts). Und warum? Nicht, weil der Zweisitzer (links) viel billiger ist und weniger Möglichkeiten bietet als das größte Verkehrsflugzeug der Welt. Die A380 muss viel mehr leisten! Deshalb sind die Sicherheitsmaßnahmen ungleich umfangreicher. Beispiele dafür sind in der Abbildung enthalten. Das gleiche gilt für die IT und die *IT-Services*: Je höher und weiter man fliegt, desto größer sind die Anforderungen an die IT-Sicherheit. Aber es hat sich viel mehr gewandelt in der IT als nur Größe und Reichweite.

Abb. 2: Fallstudie Vergleich zweier Flugzeuge

Die „Cloud" begann mit dem Kundenversprechen einer hohen Standardisierung und schnellen Bereitstellung. „Einfachheit" und „IT wie aus der Steckdose" waren Schlagworte. Das Bild einer undurchsichtigen über allem schwebenden Wolke

---

Ergänzende Information Die elektronische Version dieses Kapitels enthält Zusatzmaterial, auf das über folgenden Link zugegriffen werden kann https://doi.org/10.1007/978-3-658-41933-2_2.

© Der/die Autor(en), exklusiv lizenziert an
Springer Fachmedien Wiesbaden GmbH, ein Teil von Springer Nature 2023
E. von Faber, *IT-Service-Security in Begriffen und Zusammenhängen*,

suggerierte, dass es nicht nötig wäre, sich mit Details auszukennen. Heute sieht die Realität jedoch völlig anders aus. Die Technologie ist hochkomplex, und die Optionen sind vielfältiger denn je.

Gleichzeitig sind die Anforderungen an die IT und auch an die IT-Sicherheit gestiegen. Beides hat damit zu tun, dass sich die IT immer größere Einsatzgebiete erschlossen hat. Während sie anfangs auf wenige zentrale Geschäftsanwendungen im „Backoffice" beschränkt war, wurden IT-Anwendungen bald mobil, die Vernetzung nahm stark zu, die Zentralisierung der Datenhaltung und -verarbeitung erlebte eine Renaissance, und schließlich eroberten sich diese Modelle immer neue Anwendungsbereiche.

All dies hat die IT-Sicherheit nicht einfacher, sondern zunächst sehr viel komplexer gemacht. Heute versucht man, Funktionen der IT-Sicherheit in Cloud-basierten Sicherheitslösungen zusammenzuführen und zu zentralisieren, um so die Komplexität für die Anwender zu reduzieren. Dies ändert jedoch grundsätzlich nichts daran, dass die Komplexität besteht. Die Industrialisierung der IT führt allerdings dazu, dass die Verantwortlichkeiten innerhalb der Lieferkette bzw. des Liefernetzwerks stark verschoben werden. Das hat zur Folge, dass sich jede Partei, abhängig von der aktuellen Technologie und der damit in Zusammenhang stehenden Arbeitsteilung, auf bestimmte Probleme und Fragestellungen der IT-Sicherheit konzentrieren kann. Im Sinne eines umfassenden, Ende-zu-Ende-Ansatzes bleiben wichtige Probleme und Fragestellungen aber bestehen: Welche Zusammenstellung von Einzellösungen für die IT-Sicherheit ist für den jeweiligen Einsatzzweck adäquat und welche Parteien sollen welche Leistungen erbringen? Die Auswahl der IT-Sicherheitslösungen wird durch den stetigen Fortschritt und Wandel im Markt nicht einfacher und beantwortet die Frage nicht, wer denn die Verantwortung für die IT-Sicherheit des Gesamtkonstrukts übernimmt.

Wie soll die Sicherheitsarchitektur ausgestaltet sein? Der Informationstechnologie (IT) in einem Rechenzentrum sieht man meist nicht an, wofür sie eingesetzt ist und was sie vollbringt. Und jedes Gerät besteht wiederum aus vielen Komponenten, meist in Form von Software und daher den Blicken verborgen. IT-Anwender sehen ihren Bildschirm und die Tastatur nebst Maus. Wieviel vom lokalen Computer selbst und was fernab im Rechenzentrum erledigt wird, ist oft kaum ersichtlich. IT ist sehr abstrakt. Geht es um die Absicherung dieser abstrakten Welt, sind Kenntnisse des logischen Aufbaus mit Wirkungsketten und Abläufen nötig. Im Folgenden wollen wir das Vorstellungsvermögen entwickeln und die Welt der IT ein wenig gliedern.

2.1   Gegenstand: IT als Dienstleistung

Erst Anfang der 2000er Jahre hat sich der Schwenk zur IT als Dienstleistung vollzogen. Was ist damit gemeint? Während die IT-Abteilungen auch großer Firmen anfangs noch IT-Komponenten (Produkte) kauften, um sie selbst oder mit fremder Hilfe zu installieren und zu betreiben, wird heute ein zunehmender Anteil der IT nicht mehr gekauft, sondern man bezahlt für ihre Nutzung. Der Dienstleistungs- oder Servicegedanke setzt sich durch, und das hat weitreichende Folgen. Anders als bei einem Produkt erfolgt die Herstellung zeitgleich mit der Nutzung. *IT-Services* werden kontinuierlich bereitgestellt; die Art der Produktion ist eine andere. IT-Produkte und damit auch die aus ihnen hergestellten IT-Systeme haben zum Zeitpunkt der Installation und auch danach überwiegend feststehende Eigenschaften, die sie im Grund auch behalten [1]. Bei IT als Dienstleistung kauft man dagegen vor allem die Funktion. Die zugrundliegende Realisierung (Technik) kann sich ändern. Da Dienstleistungsverträge oft auch mehrere Jahre laufen, ist es wahrscheinlich, dass Änderungen nötig werden und erfolgen.

Doch ein sehr folgenschwerer Unterschied betrifft den Verlust an Transparenz und Einflussmöglichkeiten [2]. Risiken bezüglich der IT-Sicherheit sind mit jeder Art der Leistungserbringung verbunden. Um eine geschäftliche Entscheidung treffen zu können, ob die Anwenderorganisation diese zu akzeptieren gewillt ist (oder Verbesserungen nötig sind), benötigt man Wissen über das Sicherheitsniveau. „Unsicherheit" kann also zweierlei bedeuten [2]:

A) das Vorhandensein unakzeptabler Risiken (also mangelnde IT-Sicherheit) oder

B) mangelndes Wissen über die real vorhandenen Risiken bzw. die integrierten Sicherheitsmaßnahmen (mangelnde Vertrauenswürdigkeit).

Durch die Nutzung von IT-Dienstleistungen, die Dritte herstellen und bereitstellen, kann sich zwar die IT-Sicherheit durchaus verbessern (A), aber das Wissen auf Seiten der *Anwenderorganisation* (B, die „Vertrauenswürdigkeit") sinkt systemimmanent, wenn nicht systematisch gegengesteuert wird. Nun ist diese Situation allenfalls für die IT relativ „neu". Die Auslagerung an Fremddienstleister hat in anderen Bereichen schon viel früher begonnen. Die Kommerzialisierung der Luftfahrt ist dafür ein gutes Beispiel. Auch hier trägt übrigens der Passagier (Anwender) das größte Risiko, während nur der Hersteller des Flugzeugs und der Betreiber (die Airline) dafür sorgen können, dass die Risiken klein sind und beherrschbar bleiben. Genauso verhält es sich mit den IT-Services. Allerdings haben die Regierungen führender Staaten mit sehr rigiden Vorschriften dafür gesorgt, dass Flugzeuge äußerst selten abstürzen. Das kann man von der IT leider nicht behaupten. Allgemein ist die Qualität in der IT sehr viel schlechter. Das gilt auch für die IT-Sicherheit.

Können sich *Anwenderorganisationen* also überhaupt auf die IT-Sicherheit von Fremddienstleistungen verlassen? Natürlich, denn meist können größere, spezialisierte IT-Firmen besser für Qualität sorgen als kleinere Teams mit begrenzten Ressourcen. Das heißt aber nicht, dass Anwenderorganisationen „ohne weiteres" Fremddienstleistungen nutzen und sich auf deren IT-Sicherheit verlassen können. Sie müssen die Risiken kennen und bewerten. Und sie benötigen Möglichkeiten, Einfluss auf die IT-Sicherheit nehmen zu können – mindestens durch ihre Kaufentscheidung, indem sie eine Dienstleistung einer anderen vorziehen.

Sehr vereinfacht sieht „die IT" heutzutage so aus, wie in Abb. 3 dargestellt. Der allergrößte Teil der IT befindet sich in Rechenzentren. Mitunter wird das Rechenzentrum von der Anwenderorganisation selbst betrieben (links im Bild), meist aber von *IT-Dienstleistern* (rechts im Bild). Auch die „Cloud" besteht aus Computern, die sich in Rechenzentren befinden. In allen möglichen Fällen werden die Anwender bzw. ihre Endgeräte über Netzwerke mit den Rechenzentren verbunden. Dies ermöglicht es ihnen, die angebotenen *IT-Services* zu nutzen.

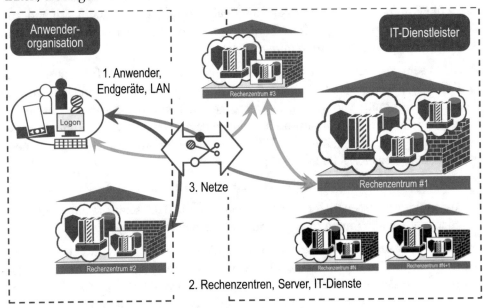

Abb. 3: Anwender, Rechenzentren und Netze (Grundmodell)

Nun folgen endlich ein paar Begriffserklärungen bzw. Definitionen. Weitere Erläuterungen dazu sind unterhalb der Begriffsdefinitionen zu finden.

HINWEIS: Die folgenden Definitionen sind dem Lexikon des Autors [3] entnommen.

IT-Service, IT-Dienstleistung (Übersicht)

IT steht für Informationstechnologie. Ein IT-Service ist eine über einen längeren Zeitraum mit Hilfe von IT erbrachte Dienstleistung. Der Nutzen entsteht dabei, anders als bei Sachgütern, zeitgleich mit der Produktion.

Computing-Services

Computing-Services umfassen Leistungen für den Betrieb einer Anwendungssoftware (Anwendung, Applikation) in einem Rechenzentrum. Bei Infrastrukturdienstleistungen stellt der *IT-Dienstleister* die Anwendung NICHT selbst bereit, sondern betreibt diese nur mit Hilfe diverser IT- und Netzwerkkomponenten. Solche Dienstleistungen besitzen im Wesentlichen drei Leistungsparameter bzw. Grundbausteine: Rechenkapazität (compute), Speicherkapazität (storage) und Netzwerkkapazität (network).

Computing-Services werden häufig auch einfach *IT-Services* genannt. Sie sind sehr vielfältig und unterscheiden sich vor allem hinsichtlich der Leistung, die der *IT-Dienstleister* dem Anwender bzw. der *Anwenderorganisation* zur Verfügung stellt. Die →*Service-Modelle* gliedern die IT-Services und definieren die wichtigsten Gruppen oder Arten.

Service-Modell

Das Service-Modell ist ein Charakteristikum eines *IT-Service*. Es gibt verschiedene Service-Modelle. Jedes Service-Modell charakterisiert, welche Tätigkeiten Bestandteil der Dienstleistung sind und welche IT-Komponenten Funktionalitäten bereitstellen, die direkt Teil der Dienstleistung sind. Hinsichtlich der Tätigkeiten, Funktionalitäten und IT-Komponenten wird stark abstrahiert, sodass sich etwa ein Dutzend Typen bzw. Modelle unterscheiden lassen.

Die Service-Modelle unterscheiden sich darin, für welche IT-Komponenten und Tätigkeiten der *IT-Dienstleister* die Verantwortung trägt. Da der IT-Stack immer vollständig ist und auch die meisten Tätigkeiten immer zu erbringen sind, muss der Anwender bzw. die *Anwenderorganisation* für die fehlenden IT-Komponenten und Tätigkeiten sorgen.

Die beiden letzten Begriffserklärungen haben auf zwei Gegebenheiten hingewiesen, die die IT-Sicherheit auch heute zu einem komplexen Unterfangen machen:

1) Kostendruck, Standardisierung, Produkterfolg, Kompatibilität, Monopole und singuläre Technologien[1] führen zwar zur Vereinheitlichung in der IT. Trotzdem gibt es viele verschiedene IT-Services, denn die Anforderungen der Anwender bzw. Anwenderorganisationen sind sehr verschieden.[2] IT ist in vielen Branchen zu einem entscheidenden Wettbewerbsvorteil geworden. Würden alle Wettbewerber (Konkurrenten) die gleiche IT (die gleichen IT-Services) verwenden, könnte es keine derartig deutliche Differenzierung durch den Einsatz der IT geben.

2) Die IT besteht aus vielen funktionserbringenden Teilen (Komponenten), die über- und manchmal auch nebeneinander gestapelt sind. Dazu kommen viele unterstützende Komponenten zur Überwachung und Pflege. Sehr häufig werden nicht alle Teile (Komponenten) vom IT-Dienstleister gestellt und verantwortet. Dies gilt umso häufiger, je spezialisierter die zu unterstützenden Geschäftsvorfälle bzw. Geschäftsanwendungen sind. So bringen große Unternehmen ihre

---

[1]   Gemeint sind Technologien, für die es keine oder nur wenig Alternativen gibt. Keine feststehende Begrifflichkeit!

[2]   Auch dies ist nicht auf die IT beschränkt und gilt auch anderswo zum Beispiel für die Sicherheit: Autos sind aus standardisierten Komponenten aufgebaut. Meist unterscheidet sich das schließlich erworbene Auto aber von den vielen anderen der gleichen Marke und des gleichen Typs. Der eine wählt überall Airbags, ein anderer Käufer ist mit Airbags für Fahrer und Beifahrer vollends zufrieden.

Anwendungssoftware (Applikation) oft selbst mit bzw. lassen diese von einem anderen IT-Spezialisten erstellen und/oder unternehmensspezifisch konfigurieren. Ebenfalls kann es nötig sein, zusätzliche IT-Services von anderen IT-Dienstleistern einzukaufen und diese mit dem ursprünglichen Kernservice zu verknüpfen. Ein Beispiel sind zusätzliche IT-Sicherheitslösungen für Cloud-Services zum Beispiel in Form eines Cloud Security Gateways.

3) Es sind viele, teils recht umfangreiche Tätigkeiten nötig, um die benötigten Teile (Komponenten) zu installieren, zu integrieren, zu betreiben und zu pflegen, das heißt, um IT-Services mit gleichbleibender Qualität bereitzustellen und entsprechende Nachweise zu liefern. Diverse IT-Dienstleister bieten hier keinen vollständigen Service an, sodass bestimmte Tätigkeiten der Anwenderorganisation überlassen bleiben, die dazu eigenes IT-Personal benötigt oder einen anderen IT-Spezialisten beauftragen muss. Diese Reduktion durch den IT-Dienstleister kann unterschiedliche Gründe haben: Geschäftsmodell, Angabe geringerer Preise, keine eigenen Kapazitäten usw. Da viele der Tätigkeiten aber zur Herstellung und Aufrechterhaltung der IT-Sicherheit erforderlich sind, ist die Arbeitsteilung (das Service-Modell) ein wichtiger Faktor für die Anwenderorganisation.

All dies macht das IT-Sicherheitsmanagement recht komplex – auch heutzutage. Für die Anwenderorganisation aufgrund der Vielfalt und der Besonderheiten der IT-Services. Für den IT-Dienstleister gilt dies im Prinzip auch, es kommt jedoch die Komplexität der internen und externen Lieferkette dazu, denn ein IT-Dienstleister ist auf verschiedene Gewerke sowie viele Hersteller angewiesen, deren Beiträge es adäquat zu managen und zu integrieren gilt.

2.2   Etwas Technik: Cloud und Container

HINWEIS: Dieses Kapitel basiert auf einem früheren Artikel des Autors [4].

Wie ist die IT im Rechenzentrum typischer Weise aufgebaut und wie werden Cloud-Service bzw. Container-Services bereitgestellt?

Grundsätzlich ist eine „Cloud" eine Ansammlung vieler Computersysteme, die miteinander verbunden sind und zentral gesteuert werden. Die ungefähre technische Struktur ist wichtig für das Verständnis, welche Maßnahmen der IT-Sicherheit notwendig sind und was sie bewirken können. Die Rechentechnik im Rechenzentrum ist in Schichten aufgebaut, die einen IT-Stack (Stapel) bilden, den wir nach rechts etwas erweitern. Siehe Abb. 4.

Die Rechenzentrumsnetze (Nr. 2 in Abb. 4) bilden ein Gewebe („fabric"), das die Computersysteme (Server, Nr. 3-9), zentralen „Festplatten"-Speicher (Storage, Nr. 4) und das zentrale Verwaltungs- und Steuerungssystem (Nr. 10) untereinander und über die Netzzugänge (Nr. 1) mit einem Weitverkehrsnetz (und dem Internet) verbindet.

Grundsätzlich will man immer eine Anwendungssoftware (Applikation, Nr. 8) aus-
führen. Dazu benötigt man oft Datenbanksysteme und weitere Softwarekomponen-
ten (Nr. 7), die Funktionen des Betriebssystems (Nr. 6) ergänzen. Das Betriebssystem stellt den Anwendungen wichtige Funktionen bereit und führt diese aus. Netze
ermöglichen es, dass Computersysteme miteinander kommunizieren, Anwendungssoftware (in einem Rechenzentrum) also überhaupt genutzt werden kann.

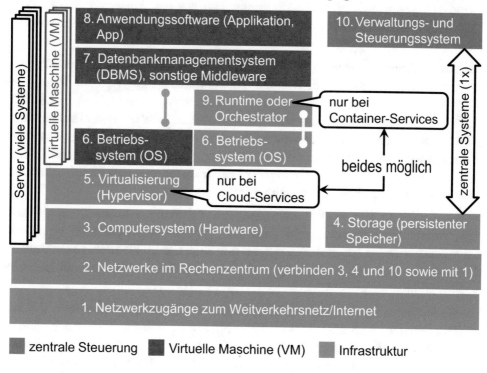

Abb. 4: Grundsätzlicher Aufbau einer Cloud und von Container-Lösungen

Doch zurück zur Cloud. Die Schichten mit den Nummern 1-5 gehören zur Infrastruktur im engeren Sinne. Die Schichten 6-8 bilden die Arbeitslast (workload), die
in der Cloud „Virtuelle Maschine (VM)" heißt. Die Infrastruktur ist der Gastgeber
(host), die Virtuellen Maschinen (VM) sind die Gäste (guest).

Clouds sind ERSTENS mandantenfähig. Das heißt, mehrere Anwender bzw. Anwenderorganisationen teilen sich eine Infrastruktur. Das bedeutet, dass die IT-Komponenten der Infrastruktur die Daten unterschiedlicher Anwender verarbeiten. Mehrere Virtuelle Maschinen (VMs) können sich einen physischen Computer teilen.
Damit das funktioniert, gibt es eine Virtualisierungsschicht (Nr. 5), die jeder Anwendungssoftware bzw. VM die jeweils benötigten Ressourcen (Rechen-, Speicher- und
Netzwerkkapazität) zur Verfügung stellt.

Clouds optimieren die Ressourcennutzung und erreichen ZWEITENS eine hohe Skalierbarkeit. Die zugeteilten Systemressourcen können bei höheren Leistungsanfor-
derungen einfach und schnell wachsen und entsprechend auch schrumpfen. Damit

das funktioniert, gibt es ein Cloud-Management-System (Nr. 10), das die Ressourcen der Gastsysteme bzw. Virtuellen Maschinen (VMs) zu steuern gestattet. Das Cloud-Management-System hat direkten Zugriff auf die Virtualisierungsschicht (5) und den Storage (4), sodass Gastsysteme bzw. Virtuelle Maschinen (VMs) von einem Computer (Server) mit ausgehenden Ressourcen auf einen anderen verschoben werden können, auf dem ausreichend Ressourcen vorhanden sind. Dazu bietet das Cloud-Management-System (Nr. 10) Funktionen wie das Aufsetzen, Starten, Verwalten, Kopieren und Stoppen von Gastsysteme bzw. Virtuellen Maschinen (VMs) (Nummern 6-8).

Die Anwendungssoftware (Applikation, Nr. 8) kann über mehrere Computersysteme und Clouds verteilt sein. Wandern Anwendungen bzw. Virtuelle Maschinen (VMs) im Rechenzentrum bzw. der Cloud-Instanz, so wandern die IP-Adressen mit. Das wird dadurch erreicht, dass virtuelle Netzwerkadapter (Software) so umkonfiguriert werden, dass sie auf den entsprechenden Datenverkehr reagieren. Auf diese Weise erreichen die Anwender ihre Anwendungen gleichgültig, wo sie gerade ausgeführt werden (auch wenn die extern verwendeten Adressen nicht unbedingt mit denen im Rechenzentrum übereinstimmen).

Neben der Cloud gibt es Container-Lösungen. Bei ihnen steht die Kompatibilität bzw. Portabilität im Vordergrund. Anwendungssoftware (Applikation, Nr. 8) soll auf möglichst vielen Infrastrukturen (einschließlich Clouds) lauffähig sein. Außerdem soll sie möglichst schnell und einfach installiert bzw. einsatzbereit gemacht werden können.

Die Gastsysteme, die hier Container heißen (Nr. 7-8, siehe Abb. 4), können also auf verschiedenen Infrastrukturen (Nr. 1-4 plus Nr. 6) ausgeführt werden. Auch können mehrere Container auf einem System ausgeführt werden; sie teilen sich dann das Betriebssystem (Nr. 6) beziehungsweise dessen Kern. Das Betriebssystem beziehungsweise eine Erweiterung desselben verwaltet die Container (Nr. 7-8) und weist ihnen Ressourcen der Infrastruktur zu.

Anwendungen können aus sogenannte Microservices zusammengesetzt sein, die auf verschiedenen Systemen und eventuell sogar in verschiedenen Rechenzentren ausgeführt werden. Dazu wird eine Zwischenschicht (Nr. 9) benötigt, die hier Runtime oder Orchestrator heißt. Die hohe Abstraktion durch die Zwischenschicht (Standardisierung der Infrastruktur aus Sicht des Gastsystems) ermöglicht die softwaregesteuerte Konfiguration und Bereitstellung der Infrastruktur („Infrastructure-as-Code"), was die Portabilität weiter erhöht und die Bereitstellung vereinfacht.

Eine Container-Lösung (Nr. 9) kann auf einer Cloud-Infrastruktur (Nr. 1-5) laufen. Dies vereint dann eine hohe Skalierbarkeit mit hoher Portabilität.

Diese Ausführungen lassen erahnen, dass die IT mit der Cloud nicht etwa einfacher geworden ist. Vielmehr wird die Verantwortung für die Bereitstellung der IT-Services auf einen Cloud-Service-Provider verlagert. Das Gleiche gilt für die IT-Sicherheit. Doch die Verantwortung für die Daten und die Geschäftsabläufe, die mit der Cloud unterstützt werden, verbleibt bei der Anwenderorganisation, die den IT-Dienstleister beauftragt.

Für Definitionen der Cloud und Cloud-Modelle, der Container und sonstigen Computing-Modelle wird diesmal auf das Lexikon des Autors verwiesen [3]. Dort findet man alles wichtige zum Thema IT-Services und Informationstechnik.

2.3   Lieferkette: die beteiligten Parteien

HINWEIS: Dieses Kapitel nutzt Beschreibungen und Definitionen aus dem Lexikon des Autors [3].

Anwenderorganisationen nutzen IT-Services spezialisierter IT-Dienstleister. Mit diesem „IT-Outsourcing" genannten Vorgang wird die Verantwortung für die Serviceerbringung auf den IT-Dienstleister übertragen. Der IT-Dienstleister stellt die Dienstleistung zur Verfügung und ist für deren Qualität verantwortlich; also auch für die Gewährleistung der Sicherheit im Sinne der Freiheit von nicht-akzeptierten Risiken.

Obwohl mit dem IT-Outsourcing die Verantwortung für die (Sicherheit der) IT-Services beim IT-Dienstleister liegt, verbleibt das damit verbundene Risiko bei der Anwenderorganisation. Genauer gesagt bedeutet eine unzureichende Absicherung der IT-Dienstleistungen ein geschäftliches Risiko für beide Seiten. Bei der Anwenderorganisation bezieht sich das Risiko auf Beeinträchtigungen der Geschäftsprozesse, die mit Hilfe der IT-Services erbracht werden. Für den IT-Dienstleister entstehen Risiken durch Nichterfüllung von Erwartungen und Anforderungen seiner Kunden, also der Anwenderorganisationen. Welche Seite den Ausschlag gibt, ist schwer zu sagen und auch nicht die entscheidende Frage.

Die Aufgliederung der handelnden Parteien spielt eine große Rolle, weil Aufgaben und Zuständigkeiten zugewiesen werden müssen. Ohne eine klare Vorstellung der Arbeitsteilung fehlt jeglichen Spezifikationen der Anknüpfungspunkt zu deren Umsetzung. Und ohne die Zuweisung der Verantwortlichkeit bleibt die Kontrolle der Umsetzung folgenlos.

Bezüglich der handelnden Parteien wird in diesem Buch ein einfaches Modell zugrunde gelegt mit der Anwenderorganisation bzw. dem Anwender als Konsumenten auf der einen Seite und dem IT-Dienstleister als dem Anbieter und Produzenten auf der anderen. Daneben gibt es noch Hersteller. In konkreten Anwendungsfällen muss dieses Modell gegebenenfalls erweitert werden.

Anwenderorganisation

Anwenderorganisationen bilden die konsumierende Partei (Nachfrage), die IT-Dienstleistungen (IT-Services) als Mittel zur Unterstützung ihrer Geschäftstätigkeit nutzt. Wird „die IT" in einer Organisation (Konzern, Firma, Behörde usw.) intern von einer IT-Abteilung (einem internen *IT-Dienstleister*) zur Verfügung gestellt (Angebot), so verbergen sich hinter dem Terminus Anwenderorganisation die Geschäftseinheiten (business units) der Organisation. Häufig werden IT-Services von spezialisierten Firmen (externen *IT-Dienstleistern*) eingekauft. In diesem Fall bezieht sich der Begriff Anwenderorganisation auf die gesamte Organisation mit allen ihren Geschäftseinheiten (business units).

Nutzer sind Personen, die IT-Services verwenden. Kommt es nicht auf den Unterschied zwischen Anwenderorganisation und Nutzer an, kann der Begriff **Anwender** verwendet werden, der beides umfasst.

IT-Dienstleister

Ein IT-Dienstleister stellt als produzierende Partei (Angebot) IT-Dienstleistungen (IT-Services) im Rahmen seiner primären Geschäftstätigkeit zur Verfügung. Seine Kunden sind *Anwenderorganisationen*, wenn er den Unternehmens- bzw. Geschäftskundenmarkt bedient, und *Nutzer*, wenn er im Privatkundenmarkt tätig ist. Das Geschäftsmodell ist fast immer „one-to-many": Er stellt seine IT-Services also vielen Kunden in meist gleicher oder ähnlicher Form zur Verfügung.

Hersteller (manufacturer, vendor)

Der Begriff Hersteller wird im Kontext der Informationstechnologie für Firmen verwendet, die *IT-Dienstleistern* als ihren Kunden IT-Komponenten, IT-Systeme, Produkte und dergleichen zur Verfügung stellen. Auch *Nutzer* stellen Kunden von Herstellern dar, sofern der Hersteller den Privatkundenmarkt bedient.

Abb. 5 veranschaulicht die Lieferkette. Oben (in Grün) findet man die gerade definierten Begriffe Anwender (bzw. *Anwenderorganisation*), *IT-Dienstleister* und *Hersteller*. Alle drei Parteien bilden die Lieferkette mit Zulieferern (supplier), Käufer (acquirer) und Anwendern (consumer), jeweils in Rot dargestellt. Die Zulieferer bilden wiederum eine Kette, die sich in unterschiedliche Ebenen (tiers) gliedert. Das gleiche gilt im Prinzip auch für die Seite der Anwender (Konsumenten): Viele *Anwenderorganisationen* haben wiederum Kunden. Das können Firmen oder andere Organisationen sein. Der Nutzer eines IT-Services ist am Ende aber eine Person als Mitglied derselben Organisation, als Staatsbürger, Konsument oder in einer anderen Funktion.

Die beiden Stränge links auf der Seite der Zulieferer und rechts auf der Seite der Anwender werden (in ISO/IEC 27036 [5]) mit „upstream" und „downstream" bezeichnet. Der Autor hat die Begriffe das erste Mal in der Öl- und Gasindustrie gehört. Dort bezeichnet „upstream" das Geschäft der Öl- und Gasförderung und „downstream" das Geschäft hin zu den Verbrauchern, an dessen Ende die Tankstellen stehen. Diese Begriffe sind auch insofern sehr nützlich, als sie anzeigen, dass die Sicht auf die Lieferkette von der eigenen Position in ihr abhängt. Ein Zulieferer sieht seinen Kunden als Anwender, während sich dieser eigentlich als Lieferant seiner

Kunden sieht usw. Dies wird in Abb. 5 durch den Mittelpunkt „Bezug" angedeutet und durch die zwei Beispiele (unten in Grau in Abb. 5) veranschaulicht.

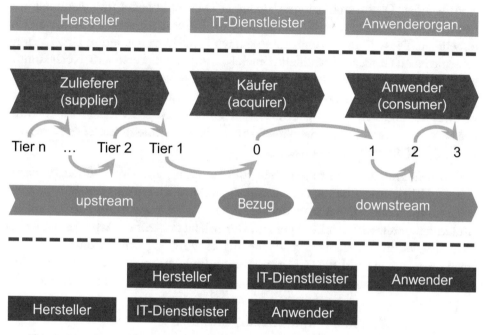

Abb. 5: Generische Lieferkette (inspiriert durch und ähnlich in ISO/IEC 27036-1 [5])

Die Rolle der Hersteller sollte man nicht unterschätzen. Sie bauen ganze Rechenzentren mit komplizierten Anlagen zur Klimatisierung, für die Stromversorgung und den Brandschutz, stellen die Netzwerkinfrastruktur im Rechenzentrum zur Verfügung, bieten Speichersysteme (Storage) als vollständigen Service an usw. Insgesamt ist die Lieferkette bzw. das Liefernetzwerk eines IT-Dienstleisters recht umfangreich, denn auch die gesamte Standardsoftware von Betriebssystemen, über Datenbanksysteme und Cloud- und Container-Lösungen bis hin zu Lösungen für die Überwachung der IT-Services kommen von Lieferanten im Liefernetzwerk.

Große IT-Dienstleister sind auch intern sehr arbeitsteilig aufgebaut und organisiert. Spezialisierung und Funktionstrennung innerhalb des Unternehmens sind unabdingbar. Zu kompliziert und verschieden sind die Aufgaben. Das bedeutet, dass große IT-Dienstleister auch intern über eine Lieferkette verfügen. (Dies ist in Abb. 5 nicht zu sehen.) Auch innerhalb der Firma werden Aufträge erteilt und die Verantwortung für einen Auftrag weitergereicht. Grob kann man sich vorstellen, dass es eine Einteilung in Serviceentwicklung, Marketing, Vertrieb und Vertragswesen, Produktion und Kundenbetreuung (Service Delivery Management) gibt. In Wirklichkeit sind besonders die Bereiche Entwicklung und Produktion sehr komplex aufgebaut und tief gegliedert.

Die Seite der Anwender wird in ihrer möglichen Komplexität häufig etwas unterschätzt. Auf die Unterscheidung zwischen *Anwenderorganisation* und *Nutzer*

(Personen) wurde schon hingewiesen. Ein einfaches Beispiel für eine komplexere Schachtelung ist ein Rückversicherer. Bezieht der Rückversicherer IT-Services, so ist er Anwender. Doch seine Kunden, denen er Dienste anbietet und eventuell auch Rechenschaft bezüglich der Sicherheit „seiner" IT schuldet, sind Versicherungsunternehmen. Diese Versicherungsunternehmen versichern wiederum Unternehmen verschiedenen Größe und schließlich auch Konsumenten (Personen). Noch komplexer sieht es aus, wenn wir einen großen Automobilkonzern (OEM) als Anwenderorganisation betrachten. Dieser verfügt für seine Automobilproduktion über ein weit verzweigtes und sehr tief geschachteltes Liefernetzwerk. Der Clou: Fast alle Firmen des Liefernetzwerks verwenden eine IT-Infrastruktur, gemeinsame IT-Services oder verbinden IT-Services funktional.

Die ernüchternden Erkenntnisse (siehe [6]): Fertigung und Unterstützungssysteme können nicht getrennt betrachtet werden. IT-Systeme, Daten und Geschäftsprozesse wachsen zusammen. Die Anzahl der beteiligten Parteien und Komponenten wächst. Änderungen treten immer häufiger auf. Der zuletzt angeführte Artikel enthält auch viele Beispiele für Probleme und Lösungen. Dort wird abgeschätzt, dass für das Beispielunternehmen rund 100 IT-Hersteller tätig sind. Die wichtigste Forderung: Vereinfachung und Standardisierung der Kommunikation und der Zusammenarbeit!

2.4   Lifecycle: Geschäftsbeziehung und IT

HINWEIS: Dieses Kapitel basiert auf einem anderen Buch des gleichen Autors [7].

Anwenderorganisationen kaufen und beziehen IT-Services von *IT-Dienstleistern*. Die Geschäftsbeziehung der Parteien und der Lebenszyklus des IT-Service (für die Anwenderorganisation) sind eng miteinander verbunden. Der Ablauf der Geschäftsbeziehung bestimmt die Interaktionsmöglichkeiten zwischen den Parteien. Speziell markiert der Ablauf der Geschäftsbeziehung die Punkte, an denen die Anwenderorganisation Einfluss nehmen und Informationen über das Design, die Implementierung und die Pflege der zugehörigen IT-Sicherheitsmaßnahmen erhalten kann. Daher sollte der Lebenszyklus von IT-Services im Zusammenhang mit dem Ablauf der Geschäftsbeziehung gesehen werden.

Abb. 6 zeigt den Ablauf der Geschäftsbeziehung (rot) und den Lebenszyklus eines *IT-Services* (hellblau) zusammen mit den Aktivitäten des IT-Dienstleisters (blaugrün). Anhand dieses Modells werden wir untersuchen, wie ein IT-Service zustande kommt und wie dabei die beiden Parteien, die Anwenderorganisation und der IT-Dienstleister, zusammenarbeiten.

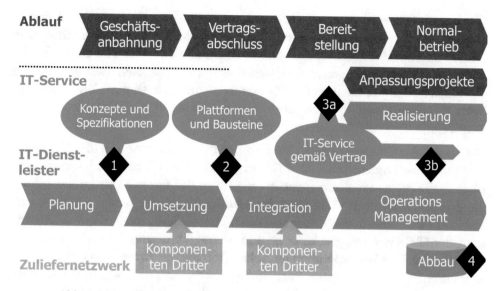

Abb. 6: Ablauf der Geschäftsbeziehung und Lebenszyklus der IT-Services

Der Ablauf der Geschäftsbeziehung (rot) ist sehr vereinfacht dargestellt, enthält aber alles Wesentliche. Die Phase Geschäftsanbahnung soll alles umfassen, was mit Marketing und Vertriebsaktivitäten auf Seiten des IT-Dienstleisters zu tun hat. Die Anwenderorganisation analysiert in dieser Phase den Markt mit den Anbietern und ihren Angeboten. Danach wird ein Vertrag abgeschlossen, der IT-Service wird bereitgestellt und in der Phase Normalbetrieb über die Vertragslaufzeit zur Verfügung gestellt. Wir kommen auf diese Phasen (rot in Abb. 6) gleich zurück, denn bevor ein Vertrag geschlossen werden kann, muss der IT-Dienstleister in Vorleistung gehen: Er muss sich darauf vorbereiten, seine Kunden beliefern zu können, denn Entwicklung und Implementierung können ja nicht erst dann beginnen, wenn ein Kunde anklopft. Die Phasen, die ein IT-Service durchläuft, werden oft mit „Plan – Build – Run" bezeichnet. In modernen Cloud-Umgebungen und einer industrialisierten IT-Produktion passt dieses Bild nicht ganz. Den Unterschied sieht man, wenn man untersucht, welche Formen ein IT-Service wirklich annimmt. Sie sind in Abb. 6 in Hellblau dargestellt und von 1 bis 4 nummeriert. Das erste Ergebnis (in Hellblau mit Nummer 1 gekennzeichnet) entsteht am Ende der Phase „Planung" (blaugrün). Der IT-Dienstleister hat Konzepte entwickelt und den IT-Service spezifiziert. Dafür hat er typische Anforderungen seiner potenziellen Kunden untersucht und entsprechende Lösungen dafür entworfen.

Die Implementierung erfolgt nun in zwei Schritten, die mit „Umsetzung" und „Integration" bezeichnet sind (blaugrüne Formen in Abb. 6). Entsprechend erfährt der IT-Service zwei Wandlungen (hellblau). Warum? Anwender können heute zum Beispiel standardisierte, aber dennoch vielschichtige IT-Services per Klick aus Bausteinen zusammenstellen. Sie wählen zum Beispiel Rechnerleistung, Speicherkapazität und Betriebssystem und definieren damit ihren eigenen Server. Durch die „Klicks" werden mit Hilfe von ganz oder teilweise automatisierten Prozessen vordefinierte IT-Bausteine auf einer existierenden IT-Plattform installiert. Das heißt, es muss Plattformen und Bausteine geben, die dann in einem zweiten Schritt zu einem System integriert werden. Beim genauen Hinsehen stellt man fest, dass diese Zweiteilung eigentlich fast immer existiert: Der IT-Dienstleister muss bestimmte Teile vorab fertigstellen, die in einem zweiten Schritt zusammengestellt, verändert und konfiguriert werden für einen bestimmten Kunden.

Wenn nach Abschluss der Phase „Umsetzung" (blaugrün in Abb. 6) die Plattformen und Bausteine implementiert sind (IT-Service im Status 2, hellblau), können Verträge mit Kunden geschlossen werden (rot), da zu den fertigen Plattformen ja auch die gehören, mit denen in unserem Beispiel der Anwender seinen Server zusammenklickt und zusammengestellt bekommt. Durch diese „Integration" (blaugrün) wird der IT-Service fertig, d.h., er liegt in vertragskonformer Form vor (hellblau, Nummer 3a). Dies korrespondiert im Ablauf (rot) mit der Phase „Bereitstellung". In sehr vielen Fällen ist die Phase „Bereitstellung" aber noch nicht abgeschlossen bzw. der „Normalbetrieb" ist noch nicht erreicht. Es folgen nämlich nun noch Anpassungen, die im Falle komplexer IT-Services in Form eigener „Anpassungsprojekte" durchgeführt werden. Hier wirkt die Anwenderorganisation in der Regel mit, insbesondere dann, wenn sie IT gerade auslagert und an einen IT-Dienstleister übergibt. Die Durchführung in der IT obliegt aber fast durchgängig dem IT-Dienstleister, weshalb Abb. 6 noch ein Kästchen „Realisierung" (blaugrün) zeigt. Sind alle eventuell erforderlichen Anpassungen erfolgt, wird der IT-Service in seiner endgültigen Form bereitgestellt (hellblau, Nummer 3b).

Ein weiterer Aspekt ist wichtig: Der IT-Dienstleister integriert bei der „Umsetzung" und „Integration" verschiedene Komponenten von anderen Firmen (gelb in Abb. 6). Dies wird natürlich in der Phase „Planung" bedacht und vorbereitet ebenso wie die eventuelle Nutzung von Service-Leistungen anderer Firmen.

Mit der Erstbereitstellung des IT-Services beginnt die Run-Phase, während der der IT-Dienstleister Betriebsleistungen erbringt, in Abb. 6 mit „Operations Management" (blaugrün) bezeichnet. Im Fall noch laufender Anpassungen (rot) ist dies jedoch noch nicht die Phase des „Normalbetriebs" (rot). Diese wird erst erreicht, sobald alle geplanten Anpassungen abgeschlossen sind.

Während der Betriebsphase („Normalbetrieb") kommt es immer wieder zu kleineren und größeren Anpassungen, wie der Behebung von Schwachstellen oder der Beseitigung von Performance-Engpässen. Auch können größere Anpassungsprojekte vereinbart werden, die ablaufen, wie oben beschrieben. Für die IT-Sicherheit ebenfalls sehr wichtig ist die letzte Änderung am IT-Service: der Abbau (hellblau, Nummer 4). Der Vertrag läuft aus, wird beendet oder ersetzt. Noch benötigte Daten der Anwenderorganisation werden ihr übergeben und dann gelöscht. Der IT-Dienstleister wird von seiner Verantwortung auch für die IT-Sicherheit entbunden.

Übereinkünfte und Verträge spielen eine sehr wichtige Rolle auch für das IT-Sicherheitsmanagement, denn man kann nur auf dem aufbauen, was schriftlich vereinbart ist. Abb. 7 zeigt einige Begriffe, die in diesem Zusammenhang im Geschäftskundenumfeld in Gebrauch sind. Die entsprechenden Beschreibungen und Begriffsdefinitionen findet man in der angegebenen Quelle, aus der auch die Abbildung entlehnt ist.

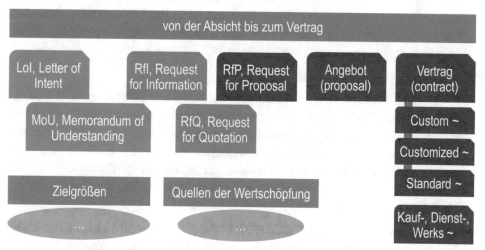

Abb. 7: Einige Begriffe zu Übereinkünften zwischen Käufer und Anbieter (Quelle: [3])

2.5 Prozesse und Abläufe: IT-Service-Management (ITSM)

HINWEIS: Dieses Kapitel nutzt Beschreibungen und Definitionen aus dem Lexikon des Autors [3].

Sobald eine bestimmte Technologie eine bestimmte Komplexität erreicht hat oder besonders belastet wird, sind regelmäßige Reparatur- und Wartungsarbeiten nötig. Die kontinuierliche Überwachung und eine regelmäßige Überprüfung sind dann erforderlich, wenn die Anwender von der fehlerfreien Funktion in besonderer Weise abhängig sind. All dies trifft auf Autos ebenso zu wie auf Verkehrsflugzeuge.

Instandhaltung, Fortentwicklung und Fehlerbehandlung spielen auch in der IT eine große Rolle. Dazu kommt, dass die IT „niemals fertig ist". Immer wieder werden Änderungen gefordert und implementiert. Das liegt nicht allein an der manchmal schlechten Qualität der Software, sondern daran, dass die Anforderungen der Anwender einem steten Wandel unterworfen sind und die IT selbst immer neue Möglichkeiten bietet.

IT-Service-Management (ITSM)

Gesamtheit von Verfahren, Aufgaben und Aktivitäten, die es einem *IT-Dienstleister* ermöglichen, *IT-Services* effizient und mit gleichbleibend guter Qualität herzustellen, die vereinbarten Anforderungen zu erfüllen und einen Mehrwert für *Anwender* und den IT-Dienstleister zu schaffen.

Das IT-Service-Management (ITSM) besitzt eine durchgehend definierte Struktur. ISO/IEC 20000 unterscheidet zunächst zwischen dem Service-Management-System (SMS) und dessen Betrieb. Das SMS legt die Grundlagen und schafft Voraussetzungen für Einführung und Umsetzung. Der betriebliche Teil orientiert sich am Lebenszyklus eines IT-Services und ist in PROZESSGRUPPEN gegliedert, die jeweils allgemeinen Zielen bzw. übergeordneten Absichten entsprechen. Jede Prozessgruppe besteht aus wenigen *ITSM-Prozessen*.

ITSM-Prozess

Ein ITSM-Prozess bündelt und umfasst eine Reihe von AKTIVITÄTEN, die alle jeweils durchgeführt werden, um eine gemeinsame, prozessspezifische Aufgabe zu erfüllen bzw. ein vorgesehenes Ergebnis zu erzielen. Da die Aktivitäten Abhängigkeiten besitzen und in einer logischen Reihenfolge abzuarbeiten sind, spricht man von Prozessen. Beispiele für solche ITSM-Prozesse sind das „Change Management", das „Release and Deployment Management" und das „Incident Management".

Der internationale Standard ISO/IEC 20000-2 [8] beschreibt 18 bis 21 Bereitstellungs- bzw. Betriebsprozesse[3] für *IT-Services,* also die Erbringung einer Dienstleistung für *Anwenderorganisationen* (Kunden). Die Prozesse umfassen daher auch das Beziehungsmanagement und Vertragswesen. Die Umsetzung bzw. Implementierung der ITSM-Prozesse ist detailliert in ITIL®[4] beschrieben. ITIL wurde als Sammlung bewährter Verfahren („best practices") entwickelt und mehrfach den Erfordernissen angepasst und aktualisiert.

HINWEIS: Eine Zusammenfassung mit vielen weiteren Details zum IT-Service-Management findet man in Kapitel 5 meines Buches [3].

Ein IT-Service-Management (ITSM) sollte in der beschriebenen Weise den Grundstock für die Organisation eines IT-Betriebes bilden. Obwohl beide aufgeführte Quellen die Qualität der IT-Services als primäres Ziel darstellen, bleiben sie doch beim Thema IT-Sicherheit recht vage. Zwar gibt es für die Sicherstellung der Verfügbarkeit, die Bewältigung außergewöhnlicher Ereignisse und auch für die Informationssicherheit jeweils eigene Prozesse. Allerdings handelt es sich bei der IT-Sicherheit um einen Aspekt, der fast alle anderen Bereiche durchdringt. Mit anderen

---

[3] Der Standard ISO/IEC 20000-2 enthält keine echten Prozessbeschreibungen. Unter der Überschrift „Service portfolio" gibt es drei Abschnitte, bei denen nicht ganz klar ist, ob sie als Kernprozesse verstanden werden sollen.

[4] IT Infrastructure Library®, eine Sammlung von vordefinierten Prozessen, Aktivitäten und Rollen entlang des Lebenszyklus von IT-Services, wobei die Betriebsphase besonders beachtet wird. ITIL und IT Infrastructure Library sind eingetragene Warenzeichen der Axelos Ltd.

Worten können Fehler in fast allen Prozessen zu Defiziten und Risiken in der IT-Sicherheit führen und gleichzeitig müssen fast alle anderen Prozesse auch aktiv ihren Beitrag leisten, dass ein adäquates Sicherheitsniveau erreicht und erhalten wird und dass dies auch entsprechend evident und nachweisbar ist. So liegt es nahe, die IT-Sicherheit, wo nötig, in die ITSM-Prozesse zu integrieren bzw. diese so zu erweitern, dass die IT-Sicherheit explizit mit berücksichtigt wird:

Secured by Definition

„Secured by Definition" integriert die Entwicklung, Umsetzung, Kontrolle und Verbesserung aller Maßnahmen zur Absicherung von IT-Services, IT-Systemen und IT-Komponenten in die Entwicklungs-, Bereitstellungs- und Betriebsprozesse der IT entlang des gesamten Lebenszyklus (Plan-Build-Run[5]). Diese Integration von IT-SICHERHEITSmanagement und *IT-SERVICE-Management* betrifft insbesondere auch die Auslieferungs- und Betriebsphasen, was für die Aufrechterhaltung der IT-Sicherheit entscheidend ist. Als Entwicklungs-, Bereitstellungs- und Betriebsprozesse der IT werden die *ITSM-Prozesse* zugrundgelegt, wie sie in ITIL® bzw. ISO/IEC 20000 ([9] und [8]) definiert sind.

Der Ansatz „Secured by Definition" wurde durch die Sicherheitsarchitektur ESARIS eingeführt [10]. Teile davon wurden durch die Vereinigung „Zero Outage Industry Standard" übernommen und weiterentwickelt.[6]

„Secured by Definition" betrachtet IT-Sicherheit als eine Qualität. Einer der Leitgedanken des „Total Quality Management (TQM)" (1951) ist, Qualität zu erzeugen, statt sie später zu kontrollieren.[7] Entsprechend soll sich die IT-Sicherheit auf die Prozesse zur Erzeugung (von Produkten oder Services) konzentrieren und nicht auf Kontrollmaßnahmen eines separaten Sicherheitsprozesses. Das heißt, dass Menschen an jeder Stelle der Wertschöpfungskette vordefinierten Regeln (zur IT-Sicherheit) folgen müssen, die integraler Bestandteil aller IT-Produktionsprozesse sind [11].

Alle ablauf- oder prozessbezogenen Sicherheitsmaßnahmen einschließlich aller Schritte zur Implementierung und Aufrechterhaltung technischer Sicherheitsmaßnahmen werden also Teil der ITSM-Prozessschritte, der dort verwendeten Tools sowie der Anweisungen für das IT-Personal und decken alle Abschnitte des erweiterten Lebenszyklus (Vertrieb, Angebotsmanagement, Bereitstellung mit Migration und Betrieb) ab.

---

[5] eingeführt von debis Systemhaus etwa 1995 als Ausdruck umfassender IT-Dienstleistungen; in den letzten Jahren in der Referenzarchitektur IT4IT auf Plan, Build, Deliver, Run bzw. Plan, Source, Offer, Manage erweitert

[6] https://zero-outage.com/the-standard/security/; zuletzt aufgerufen am 09.06.2023

[7] Phil Cosby, der die von US-Amerikanern in Japan erfolgreich eingeführte Methode in den USA verbreiten half.

Zusätzlich hat es sich als nützlich erwiesen, die Erfassung und Bewertung von Schwachstellen und die Planung notwendiger Folgeaktivitäten (zu deren Beseitigung) als eigenen, zusätzlichen *ITSM-Prozess* zu definieren und zu etablieren. Ein solcher Schwachstellenmanagementprozess

- stellt die systematische Suche nach und die Erfassung von Schwachstellen sicher,
- führt die entsprechenden Informationen zusammen und sorgt für die Bewertung der Schwachstellen im Kontext des eigenen IT-Betriebs,
- gibt Empfehlungen und Anweisungen für den Umgang mit Schwachstellen insbesondere für deren Beseitigung,
- liefert ein Lagebild und informiert zum Beispiel auch über Änderungen der in der Organisation anzuwendenden IT-Sicherheitsstandards und
- stellt Informationen für Kunden zur Verfügung, damit diese bestehende Risiken einschätzen können, den Stand der Schwachstellenbehandlung kennen und gegebenenfalls notwendige Mitwirkungspflichten wahrnehmen.

Der Kern eines solchen Prozessen ist in Abb. 8 veranschaulicht. Die Aktivitäten Lagebild- und Kundeninformation sind nicht dargestellt. (Das Patchmanagement ist kein eigener Prozess, aber ein spezieller Ablauf, der überwiegend der Qualitätssicherung, der Verhinderung von Inkompatibilitäten und Ausfällen sowie der Koordination dient. Das Patchmanagement kann daher auch dem Schritt 3, Coordination, zugeordnet werden.)

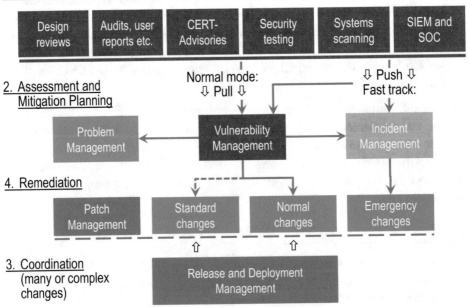

Abb. 8: Das Schwachstellenmanagement und seine Beziehung zu anderen Kernprozessen (Quelle: [3])

Die Abbildung zeigt die Verbindung mit den Aktivitäten zur Schwachstellenbeseitigung (Schritt 4). Schwachstellen werden durch Änderungen an IT-Systemen, IT-Komponenten und IT-Prozessen beseitigt. Dies erfolgt im Rahmen der für Änderungen vorgesehenen Standardprozesse. Niemals ist es erlaubt, sicherheitstechnische Änderungen außerhalb dieses Rahmens vorzunehmen. Sie werden wie alle anderen Änderungen auch registriert, geplant, genehmigt, umgesetzt, geprüft und verzeichnet.

Da die Beseitigung der Schwachstellen nicht im Rahmen des Schwachstellenmanagementprozesses erfolgt, sollte er vielleicht besser „Vulnerability Assessment and Mitigation Planning (VAM)" heißen. Diese Bezeichnung werden wir in Kapitel 5 für den entsprechenden Themenbereich verwenden. Als Bezeichnung für den Kernprozess bleiben wir dagegen bei der einfacheren Bezeichnung:

Vulnerability Management (Schwachstellenmanagement)

Dieser Prozess hat die Aufgabe, den IT-Betrieb mit ausführbaren Anweisungen (Qualified instructions) bezüglich der Behandlung von *Schwachstellen* (Vulnerabilities) zu versorgen, die auf die Belange des IT-Betriebes zugeschnitten sind, also relevant sind und konkretisiert wurden.

Der Prozess sammelt Meldungen über Schwachstellen aus verlässlichen, relevanten Quellen und überprüft die zur Verfügung gestellten Informationen auf Relevanz für den eigenen IT-Betrieb und gegebenenfalls erneut auf Validität (bei Quellen, die außerhalb des IT-Betriebs liegen, zu dem der Prozess gehört). Die Meldungen werden konsolidiert (Doppel werden entfernt bzw. zusammengeführt), und es werden fehlende Informationen ergänzt. Dazu gehören, sofern verfügbar, umsetzbare Anweisungen, wie die Schwachstelle beseitigt werden kann.

Dann erfolgt die Bewertung hinsichtlich der Schwere (Degree of vulnerability) im Zusammenhang mit bzw. für den eigenen IT-Betrieb. Daraus wird nach einer einheitlichen Metrik (Messverfahren) eine Empfehlung oder Anweisung zur Behandlung der Schwachstelle ermittelt, die Informationen über die Dringlichkeit enthält.

Optionen: Der Prozess sollte bei dieser Bewertung auch Informationen über die Verbreitung der betroffenen Produkte im eigenen IT-Betrieb heranziehen (Implementation gap). Außerdem sollte der Prozess gegebenenfalls Informationen über bestimmte, besonders kritische Schwachstellen zusätzlich in einer Form zur Verfügung stellen, die von Entscheidungsträgern beim IT-Dienstleister und beim Anwender verstanden werden kann und sich als Grundlage für Entscheidungen eignet.

Wie in Abb. 8 zu sehen ist, führen die ausführbaren Anweisungen (Qualified Instructions) bezüglich der Behandlung von Schwachstellen in der Regel zu Normal Changes. Unverzüglich zu beseitigende Schwachstellen werden dagegen als

Sicherheitsvorfall (security incident) eingestuft und mit einem Emergency Change behoben. Grundsätzlich kann es auch Schwachstellen geben, für die noch keine Lösung gefunden wurde. Diese können an das Problem Management übergeben werden.

Oft werden mit dem Begriff Schwachstelle nur sicherheitsrelevante Implementierungsfehler in Software- und Hardwareprodukten in Verbindung gebracht. Um den Schwachstellenmanagementprozess zu einem umfassenden Korrektur- und Verbesserungsprozess für die IT-Sicherheit zu machen, ist ein umfassenderes Verständnis nötig:

Vulnerability (Schwachstelle)

> Schwachstellen (oder Sicherheitslücken) weisen auf das Fehlen oder eine Unzulänglichkeit von Sicherheitsmaßnahmen (security measures/controls) hin. Kann eine Schwachstelle (mit einer bestimmten Wahrscheinlichkeit) ausgenutzt werden, sodass ein Schaden (impact) entsteht, besteht ein Risiko. Die häufigste Form der Risikobehandlung ist die Beseitigung der Schwachstelle.

> Sicherheitsmaßnahmen können administrativer, organisatorischer oder prozessbezogener, technischer oder juristischer Art sein. Geht es um die Beseitigung einer Schwachstelle, so ist zunächst zu klären, in wessen Einflussbereich die Schwachstelle liegt bzw. welche Organisationseinheit sie beseitigen kann. So müssen Defizite in einer Prozessspezifikation zum Beispiel durch die Qualitätsmanagementabteilung und Defizite in der Prozessumsetzung durch die Anwender des Prozesses beseitigt werden. Juristische Defizite werden durch die Rechtsabteilung ausgemerzt. Um organisatorische Defizite muss sich das Management kümmern. Technische Defizite beseitigt der IT-Betrieb usw.

Wird der Begriff Schwachstelle in dieser umfassenden Weise verstanden und gebraucht, so wird aus dem Schwachstellenmanagementprozess ein umfassender Prozess der kontinuierlichen Verbesserung der IT-Sicherheit. Das erfordert aber auch, dass die Informationen über Schwachstellen zielgruppengenau verteilt werden.

2.6   Ausblick: zwei IT-Dienstleister und die Lieferkette

Dieses Kapitel begann mit der Feststellung, dass „die Cloud-Services" damit angetreten waren, die IT zu vereinfachen: „IT aus der Steckdose". Zu Anfang schien das auch richtig zu sein. Die einfachen Anwendungen wurden in die Cloud verlagert. Dass es sich (fast nur) um die niedrig hängenden Früchte handelte, die da geerntet wurden, war nicht allen klar. Denn als die komplizierteren Fälle ebenfalls dorthin ausgelagert werden sollten, mussten die Cloud-Anbieter erheblich nachliefern. Und sie taten es. Was sie allerdings nicht (alle) taten, war, sich nach wie vor um alles zu kümmern. Denn die Verwaltung und Pflege von IT ist personalintensiv und verursacht vergleichsweise hohe Kosten. Werden viele Optionen und Möglichkeiten angeboten, um (fast) alle Kundenwünsche erfüllen zu können, ist es kompliziert und personal- und kostenintensiv, diese auszuwählen, zu integrieren und nutzbar zu machen. Abb. 9 veranschaulicht das Gesagte.

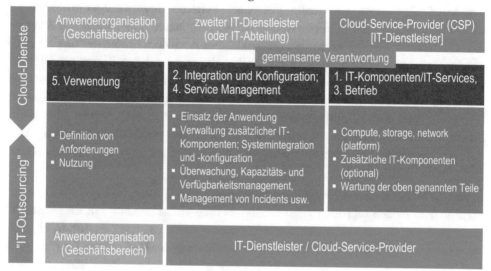

Abb. 9: Aufgaben im traditionellen IT-Outsourcing und in modernen Cloud-Umgebungen (Quelle: [12])

Modell A: Wir betrachten zunächst das einfache Modell unten in Abb. 9 mit nur zwei Parteien. Das Service-Modell ist mit „IT-Outsourcing" bezeichnet, was die Wirklichkeit insofern genau trifft, dass die Anwenderorganisation vom IT-Dienstleister ALLES in Bezug auf die IT bezieht bzw. nutzen kann: Das sind (rot in der Abbildung)

1. die IT-Komponenten bzw. IT-Services (also IT-Funktionalität),
2. die Integration und die Konfiguration dieser Komponenten und Services, um den IT-Service erstmalig bereitstellen zu können,
3. den Betrieb (also die kontinuierliche Bereitstellung der IT-Funktionalität über die Vertragslaufzeit) und
4. das IT-Service-Management (also die Pflege und Aufrechterhaltung der vereinbarten Leistungen).

Was bleibt für die Anwenderorganisation? Sie übernimmt

5. die Verwendung (Nutzung, nachdem sie anfangs ihre Anforderungen definiert und kommuniziert hat).

Die grauen Formen in Abb. 9 erklären die Punkte 1+3, 2+4 sowie 5 näher.

Modell B: Wir betrachten nun das obere Service-Modell in Abb. 9. Es ist mit „Cloud-Dienste" beschriftet, was nicht ganz der Wahrheit entspricht, aber für viele IT-Services aus Public-Clouds typisch ist. Der Cloud-Service-Provider (CSP), rechts oben in Abb. 9, stellt vor allem

1+3 die IT-Komponenten bzw. IT-Services, also die IT-Funktionalität kontinuierlich über die Vertragslaufzeit

zur Verfügung. Die Aufgaben

2+4 Integration und die Konfiguration der Komponenten und Services und die
Pflege und Aufrechterhaltung

sind kundenspezifisch, personalintensiv und skalieren daher weniger gut. Manche
Cloud-Service-Provider (CSP) überlassen diese Tätigkeiten daher gerne der Anwenderorganisation. Diese verfügt aber oft (spätestens nach dem Ernten der niedrig hängenden Früchte, siehe oben) nicht mehr über die notwendigen Kompetenzen und
die erforderlichen personellen Kapazitäten, um die IT-Services aufzusetzen
(Punkt 2) und, eventuell rund um die Uhr (7x24), zu überwachen und zu pflegen
(Punkt 4). Sind diese Kompetenzen und Kapazitäten nicht vorhanden, kann ein
zweiter IT-Dienstleister einspringen. Siehe Abb. 9. Hier wird das sogenannten Modell der gemeinsamen Verantwortung (shared responsibility) richtig interessant
(grün in der Abbildung).

Derartige Modelle sind im Falle einer eher komplexen IT eher die Regel als die Aus-
nahme. Und in den meisten Fällen ist der eben beschriebene Fall mit drei Parteien
auch eher vereinfachend. Anwenderorganisation sollten sich daher darauf einstel-
len, eine wichtige Rolle zu spielen bei der Absicherung der IT-Services. Wie das geht
und worauf zu achten ist, beschreibt das Modell *Joint Security Management (JSM)*,
dem der Autor ein ganzes Buch gewidmet hat [7].

Literaturverzeichnis

Referenzen (Quellen)

[1]   Torsten Gründer (Hrsg.): IT-Outsourcing und Digitalisierung in der Praxis,
        Vorgehen – Steuerung – Kontrolle – Ergebnisqualität; Erich Schmidt Verlag,
        2021, 3., völlig neu bearbeitete und wesentlich erweiterte Auflage, 671 Seiten

[2]   Eberhard von Faber: Sicherheitsaspekte beim Cloud-Computing, Leitlinien
        für Anwender im "global sourcing"; E. von Faber und F. Holl (Hrsg.): The
        Bulletin Security Management, BSM Anwender 200, 1. Sept. 2009, ISSN 1869-
        2125

[3]   Eberhard von Faber: IT und IT-Sicherheit in Begriffen und Zusammenhängen,
        Thematisch sortiertes Lexikon mit alphabetischem Register zum Nachschla-
        gen; Springer Vieweg, Wiesbaden 2021, 289 Seiten, 64 farbige Abbildungen,
        ISBN 978-3-658-33430-7, https://doi.org/10.1007/978-3-658-33431-4

[4]   Eberhard von Faber: Warum sich Datenschützer mit Details beim Cloud-
        Computing auseinandersetzen müssen; BvD-NEWS, Das Fachmagazin für
        den Datenschutz, Heft 1, 2022, Seite 14-19, ISSN: 2194-1025, https://www.bvd-
        net.de/wp-content/uploads/2022/03/BvD-News_1-2022.pdf

[5]   ISO/IEC 27036-1: Information technology – Security techniques – Information
        security for supplier relationships – Part 1: Overview and concepts

[6]   Frank Damm und Hans-Peter Fischer: Lieferkette: Wie Cyber-Security von
        adäquater Zusammenarbeit abhängt; in: Datenschutz und Datensicherheit -

DuD, 43(7), Juli 2019, Springer Fachmedien, Wiesbaden 2019, ISSN 1614-0702, pp 418-425; https://doi.org/10.1007/s11623-019-1137-z

[7]   Eberhard von Faber and Wolfgang Behnsen: Joint Security Management: organisationsübergreifend handeln (Mehr Sicherheit im Zeitalter von Cloud-Computing, IT-Dienstleistungen und industrialisierter IT-Produktion); Springer Vieweg, Wiesbaden 2018, 246 Seiten, 60 farbige Abbildungen, ISBN 978-3-658-20833-2, https://doi.org/10.1007/978-3-658-20834-9

[8]   ISO/IEC 20000 – Information technology – Service management –Part 2: Guidance on the application of service management systems

[9]   ISO/IEC 20000 – Information technology – Service management – Part 1: Service management system requirements

[10] Eberhard von Faber and Wolfgang Behnsen: Secure ICT Service Provisioning for Cloud, Mobile and Beyond (ESARIS: The Answer to the Demands of Industrialized IT Production Balancing Between Buyers and Providers); Springer Vieweg, Wiesbaden 2017, 383 pages, 159 figures, ISBN 978-3-658-16481-2, 2nd updated and extended Edition, https://doi.org/10.1007/978-3-658-16482-9

[11] Eberhard von Faber: Methoden: „Secured by definition" und die Umsetzung von Prinzipien aus dem Qualitätsmanagement, Durchgängige IT-Sicherheit durch Integration in die IT-Produktionsprozesse; in: Datenschutz und Datensicherheit - DuD, 43(7), Juli 2019, Springer Fachmedien, Wiesbaden 2019, ISSN 1614-0702, pp 410-417; https://doi.org/10.1007/s11623-019-1136-0

[12] Eberhard von Faber: Enhancing Cloud Security Standards: A Proposal for Clarifying Differences of Cloud Services with Respect to Responsibilities and Deployment; European Identity and Cloud Conference (EIC) 2022, 10.-13. May 2022, Berlin (invited keynote)

Weitere Literatur (Empfehlungen)

[13] Naresh Kumar Sehgal, Pramod Chandra P. Bhatt and John M. Acken: Cloud Computing with Security, Concepts and Practices; Springer Nature Switzerland AG, 2020, ISBN 978-3-030-24611-2, Second Edition, https://doi.org/10.1007/978-3-030-24612-9

[14] Meinhard Erben und Wolf G. H. Günther: Beschaffung von IT-Leistungen, Vertragsgestaltung für Anwender; Springer Gabler, 2022, ISBN 978-3-662-65076-9, zweite aktualisierte und erweiterte Auflage, https://doi.org/10.1007/978-3-662-65077-6

[15] Eberhard von Faber (Hrsg./Editor): Schwerpunkt „Informationssicherheit beim IT-Outsourcing", Zeitschrift: Datenschutz und Datensicherheit - DuD,

40(10), Oktober 2016, Springer Fachmedien, Wiesbaden 2016, ISSN 1614-0702, https://link.springer.com/journal/11623/volumes-and-issues/40-10

[16]   Eberhard von Faber (Hrsg./Editor): Schwerpunkt „Null-Fehler-Sicherheit", Zeitschrift: Datenschutz und Datensicherheit - DuD, 43(7), Juli 2019, Springer Fachmedien, Wiesbaden 2019, ISSN 1614-0702 + Editorial: Null-Fehler-Sicherheit in der IT; https://link.springer.com/journal/11623/volumes-and-issues/43-7

ELEKTRONISCHES ZUSATZMATERIAL
Die Abbildungen sind als PowerPoint-Datei
über https://link.springer.com/ auf der Seite des eBooks abrufbar.

3 Das Metasystem

Fokussieren, Ignorieren, Vereinfachen…? Nichts davon ändert wirklich etwas an der Vielfalt und Komplexität der Themen und Aufgaben. Statt die Augen zu verschließen oder unzulässig zu simplifizieren, sollten wir Strukturen schaffen und Methoden erdenken, das Komplexe handhabbar und verständlich zu machen. Abb. 10 zeigt die Abfertigung eines Verkehrsflugzeugs. Dafür stehen 30 Minuten zur Verfügung. Es geht um Koordination! Welche Aufgaben gibt es? Wer erledigt sie? Welche Abhängigkeiten sind zu berücksichtigen? Welche Übergabepunkte gibt es? Was wollen die Kunden? Was muss der Dienstleister liefern? Was müssen die Zulieferer leisten? Ein System schafft Ordnung – auch im Falle der IT-Service-Security.

Abb. 10: Fallstudie Abfertigung eines Verkehrsflugzeugs

3.1 Grundstruktur

Die IT-Sicherheit von IT-Services darf nicht ohne die Anwender gedacht werden. Schließlich sind es die Anwender, die primär die Auswirkungen mangelnder IT-Sicherheit zu spüren bekommen und im Falle erfolgreicher Angriffe Einschränkun-

Ergänzende Information Die elektronische Version dieses Kapitels enthält Zusatzmaterial, auf das über folgenden Link zugegriffen werden kann https://doi.org/10.1007/978-3-658-41933-2_3.

© Der/die Autor(en), exklusiv lizenziert an
Springer Fachmedien Wiesbaden GmbH, ein Teil von Springer Nature 2023
E. von Faber, *IT-Service-Security in Begriffen und Zusammenhängen*,

gen in ihrem Geschäft hinnehmen müssen und Verluste erleiden. Kundenorientierung muss für die IT-Dienstleister bzw. IT-Abteilungen heißen, sich mit den markgängigen Anforderungen („State-of-the-art security") und mit den speziellen Anforderungen der Anwender bzw. Anwenderorganisationen auseinanderzusetzen und zu erfüllen. Dies ist links in der stark vereinfachten Darstellung in Abb. 11 dargestellt und bildet einen Komplex von Aufgaben, der hier mit *Fulfillment* bezeichnet wird. Einer der wichtigsten Punkte besteht darin, der Anwenderorganisation Informationen zur Verfügung zu stellen, die es ihr erlaubt, IT-Sicherheitsrisiken einschätzen zu können. Anwenderorganisationen haben ja selbst keinen direkten Einfluss auf die IT-Sicherheit, denn sie beziehen die IT-Services von IT-Dienstleistern bzw. IT-Abteilungen. Mit Hilfe der bereitgestellten Informationen zur IT-Sicherheit des IT-Service können Anwenderorganisation einschätzen, ob ihre geschäftlichen Sicherheitsanforderungen erfüllt werden oder nicht. Siehe Abb. 11.

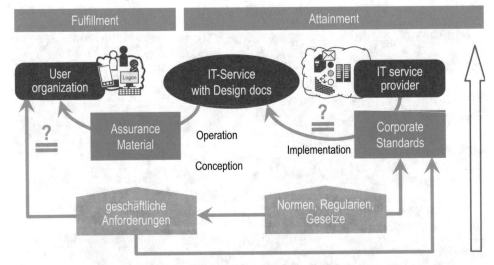

Abb. 11: Grundstruktur IT-Service-Security-Management

Dies ist bekannt, und doch konzentrieren sich IT-Dienstleister bzw. IT-Abteilungen und ihre IT-Sicherheitsspezialisten oft zu sehr auf die korrekte Umsetzung ihrer eigenen IT-Sicherheitsstandards. Die Verwaltung und Implementierung dieser „Corporate Standards" ist rechts in Abb. 11 dargestellt und bildet einen Komplex von Aufgaben, der hier mit *Attainment* bezeichnet wird.

Die Definition derartiger Abläufe und Aufgabenbereiche erfolgt mit dem Ziel der Standardisierung:

Standardisierung

Vereinheitlichung a) von Produkteigenschaften bzw. Eigenschaften von Dienstleistungen, b) von verwendeten Komponenten und Teilleistungen sowie c) von Methoden, Abläufen, Praktiken und Techniken, die bei der Entwicklung und Bereitstellung der Produkte bzw. Dienstleistungen zum Einsatz kommen, mit dem Ziel, 1) Aufwand und Kosten zu senken (Effizienz) und 2) eine gleichleibende Qualität (Effektivität) sicherzustellen.

Es genügt nicht, nur die (IT-Sicherheits-) Eigenschaften der Produkte und Dienstleistungen und ihrer Komponenten und Teilleistungen im Auge zu haben. Vielmehr muss es auch darum gehen, den Prozess von deren Entwicklung und Bereitstellung zu vereinheitlichen. Denn hier liegen nicht nur die größten Potenziale für Einsparungen, sondern die Hebel für die Sicherstellung der Qualität der Produkte bzw. Dienstleistungen einschließlich der IT-Sicherheit. Eine solche Vereinheitlichung kann im Detail nur organisationsbezogen erfolgen, bezieht sich dann aber auf alle Produkte bzw. Dienstleistungen bzw. auf größere Gruppen derselben.

Das nachfolgend detaillierter dargestellte Modell oder Metasystem (ESARIS) stellt einen generischen Rahmen dar, den Organisationen an ihre eigenen Gegebenheiten anpassen können. Das Metasystem definiert auch eine Reihe von Begrifflichkeiten für bestimmte Tätigkeitsbereiche, was die Kommunikation und damit die Bewältigung der Aufgaben entscheidend erleichtert.

3.2   Zwei Aufgaben bzw. zweimal drei Aufgaben

In Wirklichkeit sind beide Teilaufgaben komplexer als oben dargestellt. Abb. 12 zeigt nun drei Typen von Aufgaben jeweils für das „Attainment" und das „Fulfillment". Wieder verläuft die zeitliche Reihenfolge, in der die Aufgaben abgearbeitet werden, eher von unten nach oben und von rechts nach links, was durch die dunkelgrauen Pfeile angedeutet ist.

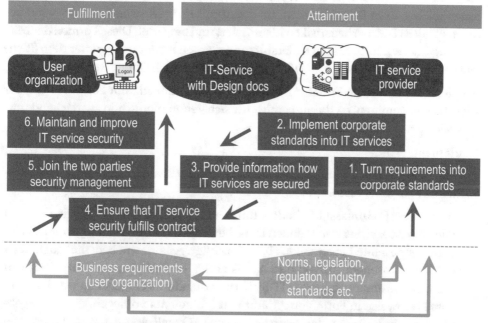

Abb. 12: Attainment und Fulfillment mit jeweils drei Aufgaben

3.2.1   Standards definieren und umsetzen (Attainment: Übersicht)

Wir beginnen mit der mit „Attainment" überschriebenen rechten Seite von Abb. 12. Sie läuft zwar in Kenntnis und unter Einfluss von Markt- und Kundenanforderungen ab, aber bei industrialisiert produzierenden IT-Dienstleistern mit vielen Kunden (Anwenderorganisationen) in der Regel UNABHÄNGIG VON EINZELNEN KUNDEN. Standards werden kontinuierlich ausgearbeitet und aktualisiert. Wird ein neuer IT-Service entwickelt, so soll er ja in der Regel mehreren oder vielen Kunden zur Verfügung gestellt werden (Geschäftsmodell „one-to-many").

Das „Attainment" beschäftigt sich mit drei Fragestellungen (vergleiche Punkte 1–3 in Abb. 12).

1.) Wie wandelt man Kunden- und Marktanforderungen in Vorgaben oder Standards für die eigene Organisation um (Corporate Standards)?

    (Hinweis: Den Stand der Technik zu berücksichtigen und bewährte Verfahren einzusetzen, wird ebenfalls von Marktteilnehmern erwartet und daher unter den Kunden- und Marktanforderungen subsummiert.)

2.) Wie sorgt man dafür, dass Vorgaben oder Standards der eigenen Organisation (Corporate Standards) in den IT-Services umgesetzt werden?

3.) Wie informiert man Kunden (Anwenderorganisationen) darüber, wie die angebotenen IT-Services abgesichert sind und welche IT-Sicherheitseigenschaften sie besitzen?

Dabei handelt es sich vorrangig um Aufgaben für den IT-Dienstleister. Oft trägt aber auch die Anwenderorganisation zur Bereitstellung des IT-Service oder der IT-Sicherheit bei. Zum Beispiel, indem sie die Applikation (Anwendungssoftware) bereitstellt oder IT-Sicherheitsrisiken identifiziert und bewertet. Diese Formen der Mitwirkung und wechselseitigen Unterstützung werden weiter unten unter dem Stichwort *Joint Security Management (JSM)* noch eingehender erläutert werden.

An dieser Stelle soll die Erklärung des Begriffs „Attainment" mit Fokus auf den IT-Dienstleister genügen, da dieser Bereich für sich genommen schon ausreichend umfangreich ist.

Attainment

    Thema: Übereinstimmung zwischen IT-Service (Realität) und Sicherheitsstandards (Vorgabe, Plan).

    Attainment [1] umfasst Methoden, um zu erreichen, dass ein IT-Service mit den relevanten bzw. anzuwendenden IT-Sicherheitsstandards übereinstimmt. Dabei wird der gesamte Lebenszyklus berücksichtigt. Attainment bedeutet auch, dass mit angemessenem Aufwand (d.h., bis zu einem bestimmten Grad) überprüft wird, ob die anzuwendenden IT-Sicherheitsstandards eingehalten werden, und dass Nachweise in Form von **Attainment Statements** vorliegen, die das Ergebnis der Überprüfung der *Übereinstimmung (Compliance)* dokumentieren. Die

Überprüfung ist eine Momentaufnahme. Ändern sich die anzuwendenden IT-Sicherheitsstandards nicht und werden die vorgesehenen Praktiken weiterhin eingehalten, gilt das Ergebnis der Überprüfung fort. Ändern sich auch die Umweltbedingungen (wie Bedrohungen) nicht, behalten die IT-Services die erreichte Qualität der IT-Sicherheit bei.

Attainment umfasst folgende Aktivitäten:

1) STANDARDS: Die Erstellung und Pflege von Standards für die IT-Service-Security einschließlich der Beschreibung (Standardisierung) der Methoden, Abläufe, Praktiken und Techniken, die zur Durchführung ALLER NOCH FOLGENDEN AKTIVITÄTEN im Attainment und *Fulfillment* benötigt werden. Bei den Standards handelt es sich um Standards der Organisation (*Corporate Standards*), die auch bewährte Praktiken aus anderen Quellen übernehmen, aber den betrieblichen Anforderungen der Organisation angepasst wurden und diesen Rechnung tragen (→ *Standardisierung*).

   Da der Aufgabenbereich der Erstellung und Pflege der Standards besonders wichtig und aufwändig ist, wird mit *Maintenance System* ein eigener Begriff dafür eingeführt.

   Die Standards müssen Kundenanforderungen widerspiegeln und Anforderungen aus bestimmten Normen, internationalen and branchenspezifischen Standards, der Gesetzgebung und Regulierung und dergleichen umsetzen. Andernfalls können sie nicht erfüllt werden. Anforderungen zu stellen und Beiträge zu liefern für die Erstellung und Anpassung der Standards der Organisation (*Corporate Standards*) ist ebenfalls ein wichtiges und komplexes Vorhaben, weshalb auch hierfür ein eigener Begriff eingeführt wird: *Endorsement Framework*.

2) LIEFERKETTE: Die Planung und Durchführung der Beschaffung aller Einzelkomponenten und Leistungen, die für die arbeitsteilige Bereitstellung (collaborative provision, collaborative supply) eines IT-Services benötigt werden. Dazu gehört auch die Planung, Organisation und Absicherung der Lieferkette (supply chain) und die Bereitstellung und der Abschluss von Vereinbarungen bzw. Lieferverträgen innerhalb der eigenen Organisation (→ *Operational Level Agreements, OLA*) sowie mit externen Zulieferern (→ *Underpinning Contract, UC*). Will man die Gemeinsamkeit bei der Bereitstellung betonen, kann man auch den Begriff „Joint provision" (gemeinsame Bereitstellung) verwenden.

   Die Konzeption und Bestimmung der Arbeitsteilung in der Lieferkette (supply chain) wird durch eine *Taxonomy* für die IT-Service-Security ganz wesentlich unterstützt. Sie wird als Schema für Ordnung der vielen Standards für die IT-Service-Security verwendet, die wie im letzten Punkt beschrieben erstellt und gepflegt werden.

3) IMPLEMENTIERUNG: Die Anwendung definierter Methoden für die Nutzung und Umsetzung dieser Standards bei der Planung neuer IT-Services, der Implementierung dieser IT-Services und bei deren Weiterentwicklung. Dazu gehört auch die Erstellung einer Entwicklungsdokumentation (Architekturentwurf, Feinentwurf usw.).

4) VERIFIZIERUNG: Die Überprüfung der Übereinstimmung zwischen Standard und Implementierung (siehe oben) sowie die Planung eventuell notwendiger Korrekturmaßnahmen. Die oben erwähnten *Attainment Statements*, die das Ergebnis dieser Überprüfung der Übereinstimmung des Designs und der Implementierung mit den relevanten Standards für die IT-Service-Security dokumentieren, werden Teil der Entwicklungsdokumentation, die im letzten Punkt erzeugt wurde.

5) VERKAUFSBEREITSCHAFT: Die Erstellung von Dokumentationen für die Anwender (Kunden) einschließlich von Vertragsunterlagen in Form von Blaupausen (blueprints). Diese Unterlagen werden im Rahmen der Entwicklung eines IT-Service erstellt und im Folgenden als *Security Proposition* (Sicherheitsangebot) bezeichnet. Der Teil der Vertragsunterlagen, der sich auf die Form und Qualität der Bereitstellung der IT-Services bezieht und ein Leistungsversprechen darstellt, wird meist als → Service Level Agreement (SLA) bezeichnet.

3.2.2 Kundenanforderungen erfüllen (Fulfillment: Übersicht)

Wir wenden uns nun der linken Seite von Abb. 12 zu, die mit „Fulfillment" überschrieben ist. Hier geht es darum, einen bestimmten Kunden (Anwenderorganisation) für die Nutzung eines bestimmten IT-Service zu gewinnen (Projektgeschäft) und dann darum, den IT-Services vertragsgemäß bereitzustellen (Betrieb, kontinuierliches Tagesgeschäft). Der erste Teil des „Fulfillment" ist jeweils auf einen bestimmten Kunden bezogen, der zweite (Betrieb) in der Regel nicht, weil Plattformen verwendet werden und „Cloud-Services" angeboten werden. Die Bereitstellung dedizierter Systeme (wie Private Clouds) erfolgt jedoch kundenbezogen.

Das „Fulfillment" beschäftigt sich mit drei Fragestellungen (vergleiche Punkte 4–6 oben in Abb. 12):

4.) Wie wird sichergestellt, dass die angebotenen IT-Services so abgesichert sind und genau die IT-Sicherheitseigenschaften besitzen, dass vertragsrelevante bzw. vertragliche Zusicherungen in Richtung Kunde (Anwenderorganisation) erfüllt werden können?

(Hinweis: Dieser Punkt entfällt, wenn der Vertrag auf der Basis von einseitig durch den IT-Dienstleister festgelegten Bedingungen geschlossen wird, wie zum Beispiel Allgemeinen Geschäftsbedingungen (AGB) und einer Servicebeschreibung des IT-Dienstleisters.)

5.) Wie wird erreicht, dass der Kunde (Anwenderorganisation) notwendige Mitwirkungsleistungen erbringen kann und sich sein IT-Sicherheitsmanagement auf dem des IT-Dienstleisters abstützen kann, sodass beide Parteien im Sinne eines *Joint Security Managements (JSM)* zusammenarbeiten?

6.) Wie verarbeitet der Kunde (Anwenderorganisation) Informationen wie zum Beispiel Sicherheitsberichte, die er vom IT-Dienstleister erhält, und wie kann er Einfluss nehmen auf Verbesserungen und Erweiterungen der IT-Sicherheit im Rahmen bestehender Verträge und durch Änderung oder Erweiterung dieser?

Das „Fulfillment" betrifft beide Parteien, den IT-Dienstleister und die Anwenderorganisation. Die nachfolgende Beschreibung liefert weitere Details und führt Begriffe ein, die auch für die Verständigung und Zusammenarbeit beider Parteien von entscheidender Bedeutung sind.

Fulfillment

Thema: Übereinstimmung zwischen IT-Service (Realität) und den Anforderungen eines Anwenders (Soll).

Fulfillment [1] umfasst Methoden, um zu erreichen, dass ein IT-Service die Sicherheitsanforderungen des Anwenders bzw. Kunden erfüllt. Vor allem große Unternehmen verfolgen einen umfassenden risikoorientierten Ansatz. Sie haben unterschiedliche Anforderungen an die IT-Sicherheit, weil ihr Geschäft unterschiedlich ist und die IT-Services unterschiedliche Daten für unterschiedliche Zwecke in unterschiedlichen Einsatzumgebungen verarbeiten. Anwender (Kunden) bekunden ihr Interesse und treffen ihre Kaufentscheidung anhand diverser Informationen. Die vom IT-Dienstleister bereitgestellten, auf die IT-Sicherheit eines IT-Service bezogenen Informationen bezeichnen wir als *Assurance Material* [2].

Fulfillment umfasst folgende Aktivitäten:

1) IT-Dienstleister und Anwenderorganisation tauschen Informationen aus, wobei der IT-Dienstleister die IT-Sicherheitseigenschaften des IT-Service darlegt und die Anwenderorganisation ihre Anforderungen. Gegebenenfalls kommt es zu Vertragsverhandlungen.

2) Die implementierten bzw. zu implementierenden IT-Sicherheitsmaßnahmen werden mit spezifischen Anforderungen des Anwenders (Kunde) verglichen. Es wird die konzeptionelle Einhaltung geprüft (→ *Conceptional evidence*, deutsch: *Konzeptionelle Nachweise*).

Dieser Vergleich ist NICHT NÖTIG bzw. wird durch die Anwenderorganisation durchgeführt, wenn der IT-Service nach einem Standardvertrag angeboten und verkauft wird, Leistungsversprechen und Vertrag also nicht kundenspezifisch sind und keine kundenindividuellen Vertragsklauseln enthalten.

3) Der Vertrag wird falls nötig ausgearbeitet und dann abgeschlossen bzw. un-terzeichnet. Damit geht beim IT-Dienstleister auch die Verantwortung vom Vertrieb und Vertragswesen über auf das Service Delivery Management (SDM) und die IT-Produktion.

4) Die Betriebsbereitschaft wird hergestellt.

   Für den IT-Betrieb werden Prozesse und Verfahren implementiert, die zur Aufrechterhaltung der IT-Sicherheit erforderlich sind.

   Die Unterstützung des Sicherheitsmanagements wird organisiert. Die Schnittstellen mit dem Kunden werden eingerichtet. Siehe *Joint Security Management (JSM)* [3].

5) In der Betriebsphase werden Nachweise wie Sicherheitsberichte erstellt, kommuniziert und genutzt (→ *Operational evidence*, deutsch: *betriebliche Nachweise*). Mögliche Änderungen werden unterstützt.

3.2.3 Resümee

Einige der gerade neu eingeführten Begriffe sind in der nochmals erweiterten Abb. 13 zu finden, die nun vollständig erscheint. (Die *Taxonomy* ist nicht dargestellt; sie ist Teil des *Maintenance Systems* und wird später ausführlich erläutert.)

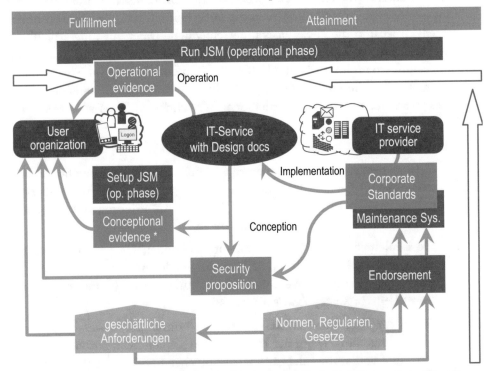

* nur relevant im Falle kundenindividueller Verträge bzw. Vertragsklauseln

Abb. 13: Systematisches IT-Service-Security-Management

3.3 Attainment

3.3.1 Standards definieren und pflegen (Details)

Es ist wichtig, dass jede Organisation, vor allem aber IT-Dienstleister, ihre eigenen Standards (→ *Corporate Standards*) definieren. Aufgrund der Komplexität der Thematik muss dies systematisch erfolgen. Die Quellen, Anforderungen und ihre Berücksichtigung sicherzustellen und zu verwalten ist Aufgabe des → *Endorsement Frameworks*. Alle Standards werden im Rahmen eines → *Maintenance System* erstellt und gepflegt und unter Verwendung einer → *Taxonomy* geordnet und mit Identifikatoren versehen. Die kursiv markierten Begriffe werden nun erklärt.

Corporate Standards

Dokumente (Standards für die IT-Service-Security), die Verfahren und Maßnahmen definieren, die verpflichtend oder regelbasiert anzuwenden bzw. zu implementieren sind. Sie werden benötigt, um einheitliche und gleichbleibende Ergebnisse produzieren zu können. Dokumentation erhöht auch die Qualität, weil Verfahren und Maßnahmen dann wirklich auch durchdacht werden und nachfolgend kritisiert und verbessert werden können.

Die Standards übernehmen Bewährtes aus nationalen und internationalen Normen, Standards, gesetzlichen Regelungen, Handreichungen und dergleichen, passen dies jedoch an die eigenen, betrieblichen Erfordernisse an und erstellen eigene Darstellungen. Dies ist auch erforderlich, um Klarheit zu schaffen hinsichtlich der Verbindlichkeit und um Interpretationsspielräume einzugrenzen.

Alle Sicherheitsmechanismen und -funktionen sowie Handlungen zur Implementierung, Kontrolle, Überwachung usw. sollten einheitlich in Form von Maßnahmen dokumentiert werden, und zwar als Tatbestand und nicht handlungsorientiert oder in Form von Anforderungen [4].

Endorsement Framework

Thema: Input für die organisationseigenen Standards und Beziehungen zwischen diesen und anderen Regularien und (organisationsfremden) Standards

Das Endorsement Framework [1] organisiert und bestimmt die Übernahme bewährter Verfahren und Maßnahmen aus nationalen, internationalen oder industriespezifischen Normen, Standards, gesetzlichen Regelungen, Handreichungen und dergleichen und überprüft, ob die *Corporate Standards* (organisationseigene Standards für die IT-Service-Security) geeignet sind, relevante Normen, Standards, gesetzlichen Regelungen, Handreichungen und dergleichen zu erfüllen bzw. mit ihnen übereinzustimmen. Auf ähnliche Art und Weise wird mit Anforderungen von Kunden verfahren, die als allgemeiner Standards übernommen werden, wenn es ökonomisch sinnvoll ist. Alternativ führen sie zu optional zu implementierenden Maßnahmen.

1) Es handelt sich beim Endorsement Framework also einerseits um eine Art Anforderungsmanagement (Demand management), weil Anforderungen identifiziert werden, die grundsätzlich oder unter bestimmten Anwendungsfällen zu erfüllen sind und daher in Form von Verfahren und Maßnahmen ihren Niederschlag in den organisationseigenen Standards für die IT-Service-Security finden müssen.

2) Andererseits werden die organisationseigenen Standards für die IT-Service-Security daraufhin überprüft, ob ihre Umsetzung zur Erfüllung der Anforderungen von Normen, Standards, gesetzlichen Regelungen, Handreichungen und dergleichen geeignet sind. Ist dies der Fall, so werden die untersuchten Normen, Standards, Handreichungen und dergleichen erfüllt, wenn organisationseigenen Standards für die IT-Service-Security umgesetzt werden. Dies erleichtert diesbezügliche Auditierungen und entsprechende Zusagen an Kunden (Anwenderunternehmen).

Organisationen müssen Verfahren und Maßnahmen für die IT-Sicherheit definieren. Damit sie angewendet bzw. implementiert werden, müssen sie verschriftlicht und/oder ihren Niederschlag in Software finden. Ebenso müssen sie laufend überprüft und aktualisiert werden. Dies sind Aufgaben des *Maintenance Systems*:

Maintenance System

Thema: Erstellung, Pflege und Bereitstellung organisationseigener Standards

Das Maintenance System hat die Aufgabe dafür zu sorgen, dass *Corporate Standards* (Standards für die IT-Service-Security) und ihre Manifestationen in Softwarewerkzeugen (zum Beispiel für das IT-Service-Management) entwickelt, regelmäßig überprüft, aktualisiert, in Kraft gesetzt und zur Verfügung gestellt werden. Das Maintenance System besteht aus einem Prozess, einem Redaktionsteam und Spezifikationsvorgaben.

1) Der Prozess definiert die Schritte und Verantwortlichkeiten beginnend mit einer Änderungsanforderung über die Änderung selbst bis zur Überprüfung und Freigabe und schließlich der Inkraftsetzung und Veröffentlichung der neuen Version.

   (Hinweis: Die Änderungsanforderung (Request for Change oder „change request") hat eher den Charakter eines Problem-Tickets, wenn nur die Unzulänglichkeit identifiziert wurde und die Art der notwendigen Änderung noch nicht bekannt ist.)

2) Das Redaktionsteam begleitet und steuert alle Schritte entlang des genannten Prozesses und sorgt für Konsistenz, Qualität und Aktualität der Standards für die IT-Service-Security. Die Qualitätskriterien der Redaktion umfassen Verständlichkeit, Vollständigkeit, Verlässlichkeit und Formrichtigkeit.

3) Spezifikationsvorgaben werden definiert, um die genannten Qualitätskriterien einzuhalten. Alle Qualitätskriterien zielen primär darauf, die Anwendung zu erleichtern und Umsetzungsfehler zu vermeiden. Dazu werden insbesondere Formen und Formate definiert, die festlegen, wie Standards abzufassen und Inhalte einzuordnen und zu kodieren sind. Bei den Regeln zum Abfassen geht es um Grundregeln der Syntax und Semantik. Die Einordnung und Kodierung erfolgt anhand einer Hierarchie (*Documentation Hierarchy* und einer *Taxonomy* (einem IT-bezogenen Ordnungsschema).

Die Bibliothek mit den *Corporate Standards* (Standards für die IT-Service-Security) ist hierarchisch und in den beiden unteren Ebenen thematisch strukturiert. Jedem Dokument wird ein Platz in einer Struktur zugewiesen, die in Abb. 14 dargestellt ist und durch zwei Elemente definiert wird: die Hierarchie der Dokumente (*Documentation Hierarchy)* und die *Taxonomy* (ein IT-bezogenes Ordnungsschema). Die beiden Begriffe werden im Folgenden erklärt.

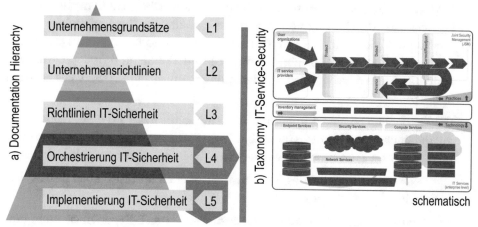

Abb. 14: Dokumentationshierarchie und Taxonomie

Documentation Hierarchy

Die Dokumente (Standards für die IT-Service-Security) sind hierarchisch geordnet. Das heißt, allgemeine Richtlinien der Organisation zu Sicherheitsthemen werden auf die IT-Service-Security heruntergebrochen und für diesen Bereich genauer spezifiziert. Und die Richtlinien und allgemeineren Standards für die IT-Service-Security werden wiederum bis zu detaillierten, technischen Anweisungen verfeinert. Jede tiefere Ebene (Layer) in der Hierarchie enthält in der Regel mehr Dokumente als ihre abstraktere Vorstufe. Es handelt sich um eine Dokumentenpyramide, die nach unten breiter, umfassender und detailreicher wird. Das wiederum erleichtert es, einzelne Themen in der folgenden Ebene der Hierarchie zu spezifizieren und zu befolgen.

Die schrittweise Verfeinerung ist ein bewährtes, erfolgreiches architektonisches Prinzip, das Erfahrungen und Wissen optimal zu nutzen gestattet und damit

Qualität produziert. Gleichzeitig werden Dokumente zweck- und zielgruppen-spezifisch. Die Zielgruppen werden jeweils nur mit den für sie relevanten Informationen versorgt, was die Komplexität für sie reduziert und die Qualität der Umsetzung verbessern hilft.

Jedes Dokument gehört daher zu genau einer Ebene (Layer) in der Hierarchie. Es gibt keine gemischten Dokumente. Die Vermischung von Zwecken und Zielgruppen würde nicht nur die Anwendung, sondern auch die Erstellung und Pflege der Dokumente erschweren, denn die Beschränkung auf einen Abstraktionsgrad erleichtert auch die Sicherstellung von Vollständigkeit und Konsistenz.

Taxonomy

Thema: wichtiges Ordnungs- und Organisationsschema innerhalb der Gesamtarchitektur für mehr Übersicht und andere vielfältige Anwendungsfälle

Ein Ordnungs- und Organisationsschema, das eine Übersicht über alle Themenbereiche zur Absicherung von IT-Services enthält. Die Themenbereiche umfassen Technologiebereiche A (mit IT-Komponenten und IT-Systemen, die abzusichern sind oder der Absicherung dienen) und Praktiken B (mit prozessualen Aktivitäten, die durchgeführt werden müssen, um sichere IT-Services zu erhalten).

Die Taxonomie ist eine graphische Darstellung, die auch auf einer halben Seite gut darstellbar und leicht zu überschauen ist sowie die Themenbereiche so gruppiert, das reale Zusammenhänge zwischen ihnen möglichst gut erkennbar sind.

Die Taxonomie ermöglicht es, Verantwortlichkeiten und Aufgaben zuzuweisen und Tätigkeiten zu orchestrieren.

Die Anordnung der Themenbereiche erfolgt so, dass IT-Experten sie mehr oder minder intuitiv verstehen und nicht nur IT-Sicherheitsexperten. Die Umsetzung der IT-Sicherheitsmaßnahmen in den IT-Services erfolgt nämlich maßgeblich durch die IT-Organisation (und nicht durch IT-Sicherheitsexperten). IT-Sicherheit ist nur ein Qualitätsmerkmal unter anderen und kann nicht die Abläufe prägen. Sicherheitsbezogene Ordnungsschemata werden nicht verstanden, helfen wenig und verursachen erhebliche Reibungsverluste

Die Dokumente (Standards für die IT-Service-Security) gliedern sich grob in zwei Gruppen: A) solche, die Maßnahmen beschreiben, die in bzw. mit IT-Komponenten und IT-Systemen umgesetzt werden und B) solche, die Maßnahmen beschreiben, wie die Implementierung der Maßnahmen der ersten Gruppe sichergestellt und dies hinsichtlich Korrektheit und Wirksamkeit überprüft wird.

Begründung: Im Interesse der Effektivität und Effizienz müssen Verfahren, Prozesse und Praktiken (Gruppe B) möglichst vereinheitlicht werden und für alle IT-Komponenten (Gruppe A) Anwendung finden.

Die Dokumente (Standards für die IT-Service-Security) der mittleren Ebene ("*Orchestration Layer*") und darunter werden nach einem Schema geordnet, das sich an der technischen und organisatorischen Realität der Informationstechnologie bzw. der bereitgestellten IT-Services orientiert (und nicht nach der IT-Sicherheit).

Die in diesem Kapitel 3 definierten Begriffe geben einen guten Überblick und helfen entscheidend dabei, systematisch und erfolgreich für die Sicherheit der IT-Services zu sorgen bzw. solche adäquat abgesicherten IT-Services zu beschaffen und einzusetzen. Allerdings sind die vielen Begriffe nicht einfach zu merken. Die *Taxonomie* für IT-Service-Security wird alle wesentlichen Aspekte, Aufgaben und Aktivitäten in einer übersichtlichen und einfachen Form darstellen und mit anderen, in diesem Kapitel nicht detaillierten Aspekten vereinen.

Die Taxonomie für IT-Service-Security wird in Kapitel 5 ab Seite 69 ausführlich erläutert. Dabei wird jeder einzelne Aufgabenbereich skizziert. Außerdem wird der Nutzen und die Verwendung der *Taxonomy* ebenfalls detailliert erklärt.

Dem Thema Dokumentenstruktur (mit *Documentation Hierarchy* und anderen Elementen) ist ein eigenes Kapitel gewidmet. Lesen Sie dazu Kapitel 6 ab Seite 93.

3.3.2 Kunden informieren können (Übersicht)

Es folgt ein Thema, dem wir ebenfalls später in diesem Buch ein eigenes Kapitel widmen werden. In Kapitel 4 ab Seite 55 wird es um Assurance- oder Zusicherungsmanagement gehen. Was ist darunter zu verstehen? Wir betrachten in diesem Buch Fälle, in denen Anwenderorganisationen IT-Services nutzen, die von IT-Dienstleistern bereitgestellt werden. Da die beiden Parteien meist rechtlich eigenständige und voneinander unabhängige Organisationen sind, handelt es sich um ein komplexes Kunde-Lieferanten-Verhältnis auf einem Markt, in dem weitere Kunden und Lieferanten tätig sind.

Wir interessieren uns hier für die IT-Service-Security bzw. die Risiken, die mit der Nutzung der IT-Services des IT-Dienstleisters verbunden sind. Die Risiken können in dreierlei ihren Ursprung haben [5]:

- im IT-Dienstleister (seinen Fähigkeiten, Ressourcen usw.),

- im IT-Service selbst (seiner Konstruktion, der Form der Bereitstellung usw.) und

- in der Tatsache selbst, dass Anwender und Dienstleister voneinander getrennte Organisationen sind, was Auswirkungen hinsichtlich des Wissens, der Steuerbarkeit, der Messbarkeit und der Vorhersagbarkeit der IT-Sicherheit hat.

Erst das *Joint Security Management (JSM)* würdigt diese Situation in seiner Gänze entlang des gesamten Lebenszyklus der geschäftlichen Beziehung der beiden Parteien. An dieser Stelle beschränken wir uns auf das notwendige Minimum, nämlich den Austausch bzw. die Bereitstellung von Informationen durch den IT-Dienstleister. Es geht also um Zusicherungen des IT-Dienstleisters und um zu liefernde Nachweise, dass die Zusicherungen eingehalten wurden. Siehe auch Kapitel 8 in [1].

Assurance Material

Thema: Anwender informieren bezüglich Fulfillment (Erfüllung der Anforderungen des Anwenders)

Als Assurance-Material [2] können alle Informationen bzw. Dokumente verstanden werden, die Informationen über die IT-Sicherheit eines IT-Service enthalten und in erster Linie der Information der Anwender (Kunden) dienen. Die Anwenderorganisation wird so in die Lage versetzt, die mit der Nutzung der IT (bzw. des IT-Services oder der IT-Produkte) verbundenen Risiken zu bewerten, ein betriebliches Risikomanagement zu betreiben, die Einhaltung von Gesetzen, Normen, Vorschriften und dergleichen nachzuweisen und die Kunden der Anwenderorganisation sowie Wirtschaftsprüfer, Aktionäre und andere Interessengruppen zu informieren.

Unter Assurance werden hier Zusicherungen des IT-Dienstleisters verstanden hinsichtlich der *Vertrauenswürdigkeit (Assurance)* eines IT-Service. Die Vertrauenswürdigkeit ist der Grad des Wissens/Vertrauens, dass die „betrachtete Einheit" (IT-Service) ihre Sicherheitsvorgaben erfüllt, insbesondere dass die Sicherheitsziele erreicht werden.

Das Assurance Material gliedert sich in drei Teile:

1) Informationen, die primär vor Vertragsabschluss und vor der Nutzung des IT-Service zur Verfügung gestellt werden (→ weiter unten: *Security Proposition*, deutsch etwa *Sicherheitsangebot* oder Angebot/Aussage zur IT-Service-Sicherheit),

2) Nachweise bzw. Bestätigungen, die mit dem Vertrag bzw. bei deren Abschluss bereitgestellt werden (→ weiter unten: *Conceptional evidence*, deutsch: *Konzeptionelle Nachweise*), und

3) Nachweise bzw. Bestätigungen, die während der Bereitstellung des IT-Services (Betriebsphase) bereitgestellt werden (→ weiter unten: *Operational evidence*, deutsch: *betriebliche Nachweise*).

In der Phase *Attainment* werden in Bezug auf das *Assurance Material* im Wesentlichen Grundlagen gelegt bzw. Vorbereitungen getroffen, weil derartige Aufgaben Teil der Entwicklung und Implementierung des IT-Service sind.

Verwendet wird das *Assurance Material* aber vor allem in der Phase *Fulfillment*, die im nächsten Kapitel näher betrachtet wird. Die Verwaltung der Informationen bzw. des Materials kann als eigenständige Disziplin gesehen werden, dem *Assurance Management*, das in Kapitel 4 ausführlicher beschrieben wird.

3.4   Fulfillment

In der Phase *Fulfillment* liegt der Fokus darauf, den Anwenderorganisationen die benötigten Nachweise (*Conceptional evidence* bzw. *Konzeptionelle Nachweise* und *Operational evidence* bzw. *Betriebliche Nachweise*) zur Verfügung zu stellen. Das schließt ein, die IT-Services den Kundenanforderungen entsprechend aufzusetzen und die IT-Sicherheit während im Betrieb aufrechtzuerhalten. Das bildet den Kern der Ausführungen in Abschnitt 3.4.1.

Oft wird jedoch vergessen, dass „die IT" immerfort angepasst und verändert wird, weil sich die geschäftlichen Anforderungen ändern, denen es zu entsprechen gilt. Die Fortentwicklung der IT-Services bzw. von deren IT-Sicherheit ist Gegenstand der Darstellung in Abschnitt 3.4.2.

3.4.1   IT-Services sicher bereitstellen

Während der Geschäftsanbahnung, dem Abschluss des Vertrages und den vorbereitenden Aktivitäten zur Herstellung der Bereitschaft zum sicheren Betrieb erfolgen wichtige Weichenstellungen. So muss sichergestellt werden, dass der fertig entwickelte und meist bereits fast vollständig implementierte IT-Service (siehe *Attainment*) die Erwartungen und Anforderungen des Kunden (Anwenderorganisation) erfüllt. Auch muss sichergestellt werden, dass die Prozesse und Verfahren zur Aufrechterhaltung der IT-Sicherheit später im laufenden Betrieb funktionieren. Dazu gehört auch, dass die Anwenderorganisation und der IT-Dienstleister dann im Sinne eines *Joint Security Management (JSM)* zusammenarbeiten können.

Die Details werden wieder anhand von Begriffen erklärt, und zwar in der logischen, zeitlichen Abfolge, in der die entsprechenden Aktivitäten durchgeführt werden, sodass sich ein detaillierteres Gesamtbild der Phase ergibt, die mit *Fulfillment* überschrieben ist, weil es im weitesten Sinnen darum geht, die IT-Sicherheitsanforderungen der Kunden (Anwenderorganisationen) zu erfüllen.

Security Proposition (Sicherheitsangebot)

> Informationen, die der IT-Dienstleister dem Kunden (Anwenderorganisation) primär vor Vertragsabschluss und vor der Nutzung des IT-Service zur Verfügung stellt. Die Informationen ermöglichen es der Anwenderorganisation, eine Auswahl zu treffen hinsichtlich des Anbieters und des IT-Service einschließlich eventueller Optionen.

> Die verwendeten Materialien können vielschichtig sein; der Begriff selbst bezieht sich darauf, dass es sich um ein Angebot oder eine Aussage zur IT-Service-Sicherheit handelt, die eine Wahl bzw. Entscheidung des Kunden unterstützt und ermöglicht.

> Die Bereitstellung bzw. Nutzung der Informationen ist Teil komplexer Vermarktungs- und Vertriebsprozesse auf Seiten des IT-Dienstleisters und Teil

komplexer Beschaffungsprozesse auf Seiten der Anwenderorganisation. Siehe auch Kapitel 7 in [6].

Conceptional evidence (Konzeptionelle Nachweise)

Konzeptionelle Nachweise sind Informationen, die zeigen, dass die für einen IT-Service implementierten bzw. geplanten Sicherheitsmaßnahmen in geeigneter Weise gestaltet sind und spezifischen Anforderungen der Anwender/Kunden entsprechen.

Konzeptionelle Nachweise werden durch einen Vergleich zwischen A) Anforderungen, Erwartungen oder Soll-Spezifikationen der Anwenderorganisation auf der einen Seite und B) Lösungen, Realisierungen oder Ist-Spezifikationen des IT-Dienstleister auf der anderen Seite erzeugt.

IT-Dienstleister kommunizieren ihre Lösungen, Realisierungen usw. (B) primär in Form von einer *Security Proposition* (Sicherheitsangebot), die aus unterschiedlichen Materialien bestehen kann.

Anwenderorganisationen kommunizieren ihre Anforderungen (A) oft in Form von Ausschreibungsunterlagen bzw. der Aufforderung, ein Angebot (proposal) abzugeben (Request for Proposal, RfP).

Es können drei Anwendungsfälle unterschieden werden:

1) Kommuniziert die Anwenderorganisation eigene Anforderungen und fordert, dass diese Vertragsgegenstand werden, so sollte der IT-Dienstleister einen expliziten Soll-Ist-Vergleich durchführen. Damit kann er feststellen, ob er den kundenspezifischen Vertrag bzw. die kundenindividuellen Vertragsklauseln erfüllen kann, bzw. was er noch tun muss, um ihn zu erfüllen.

2) Die Anwenderorganisation sollte konzeptionelle Nachweise vom IT-Dienstleister einfordern, wenn sie diese selbst als Nachweise gegenüber ihren Auditoren, Regulierungsbehörden und anderen Interessengruppen benötigt. Dies gilt in gleicher Weise für die *betrieblichen Nachweise (Operational evidence)*. Es kann ebenfalls sein, dass die Anwenderorganisation die Nachweise für ihr operatives Risikomanagement benötigt.

3) Kommuniziert die Anwenderorganisation keine eigenen Anforderungen bzw. macht sie diese nicht zum Vertragsgegenstand, so wird auch der Vertrag nicht kundenspezifisch sein und auch keine kundenindividuellen Vertragsklauseln hinsichtlich der IT-Sicherheit enthalten.[8] Der Vertrag stützt sich dann allein auf die Lösungen bzw. das Leistungsversprechen des IT-Dienstleisters ab (*Security Proposition* (Sicherheitsangebot)).[9] Die Anwender-

---

[8] Hier wird implizit angenommen, dass der IT-Service nicht kundenspezifisch ist, sondern auch anderen Kunden in gleicher Art und Weise angeboten wird.

[9] Gerade große Kunden (Anwenderorganisationen) kommen oft zu der Schlussfolgerung, dass die *Security Proposition* (Sicherheitsangebot) nicht ausreichend umfassend informiert.

organisation führt den Soll-Ist-Vergleich in geeigneter Weise anhand der *Security Proposition* (Sicherheitsangebot) (B) durch. Der IT-Dienstleister führt keinen Soll-Ist-Vergleich durch und erzeugt keine konzeptionellen Nachweise.

Führt der IT-Dienstleister den Soll-Ist-Vergleich durch, so kann er auch weitere Informationen wie zum Beispiel die Entwicklungsdokumentation heranziehen, die den Kunden nicht oder nicht vollständig offengelegt wird. Da sich der Soll-Ist-Vergleich immer auf einen Vertrag bezieht, können die konzeptionellen Nachweise auch als vertragliche Nachweise bezeichnet werden.

Verlaufen die Soll-Ist-Vergleiche für beide Seiten zufriedenstellend, so schließen sie einen Vertrag. Zum Vertragsabschluss kommt es immer, auch wenn er verschiedene Formen annehmen kann (siehe *Contracting* bzw. Vertragswesen).

Operational Readiness (Herstellung der Betriebsbereitschaft)

Die Bereitstellung eines IT-Service bzw. dessen Implementierung erfolgt generell in zwei Schritten. Im ERSTEN Schritt wird der IT-Service entwickelt, und es werden technische Voraussetzungen geschaffen, um den IT-Service anbieten zu können. Wieweit diese kundenunabhängige Implementierung (Vorabfertigung im Rahmen des *Attainment*) geht und was sie umfasst, ist abhängig vom IT-Service und letztlich eine Entscheidung des IT-Dienstleisters. Immer sind in einem ZWEITEN Schritt weitere Aktionen notwendig, die den IT-Service für einen bestimmten Kunden verfügbar machen und damit die Betriebsbereitschaft herstellen. Die Herstellung der Betriebsbereitschaft (Operational Readiness) kann zum Beispiel umfassen, a) dass ein im Grunde fertiger IT-Service für den Kunden freigeschaltet und damit verfügbar gemacht wird, b) dass vordefinierte IT-Bausteine auf existierenden IT-Plattformen mit Hilfe von ganz oder teilweise automatisierten Prozessen installiert und integriert werden oder c) dass bestimmte IT-Komponenten erst beschafft bzw. installiert oder andere aufgeschobene Aktivitäten nachgeholt werden.

Die folgende Aufstellung beschreibt Aktivitäten zur Herstellung der Bereitschaft zum sicheren Betrieb, die bei einem sehr großen Auftragsvolumen und einer hohen Komplexität des IT-Service grundsätzlich durchgeführt werden müssen. Details hängen vom Geschäftsmodell des IT-Dienstleisters ab, vom IT-Service selbst und dessen Service-Modell sowie von der technischen und organisatorischen Umsetzung.

1) KONFIGURATION: Nachdem, falls nötig,[10] neue Systeme aufgebaut und/oder existierende Plattformen erweitert wurden, werden sie anwenderspezifisch

---

Das führt dann zu kundenspezifischen Verträgen selbst dann, wenn der IT-Service NICHT kundenindividuell, sondern hochstandardisiert ist.

[10] Siehe Bemerkung am Ende unter dieser Definition.

konfiguriert. Es werden zum Beispiel Systeme zugewiesen, Speichereinheiten werden allokiert, virtuelle Netze werden definiert, sowie Netzverbindungen hergestellt und Nutzerkonten eingerichtet, damit die Anwender die IT-Systeme erreichen können. Art und Ausmaß dieser Arbeiten werden bestimmt durch den IT-Service selbst und den Umfang der kundenspezifischen Optionen. Die Konfiguration wird automatisiert durchgeführt. Ein Teil der Arbeiten wird erst nach der Migration durchgeführt.

2) MIGRATION: Anwenderorganisationen haben häufig Vorläufersysteme, wenn ein neuer IT-Service in Betrieb genommen werden soll. Dann müssen existierende Daten in das neue System übernommen (migriert) werden. Nur selten beginnt man bei null. Es kann auch sein, dass Altsysteme weiter genutzt, in den neuen IT-Service integriert und eventuell später modernisiert und ersetzt werden sollen.

Die Migration umfasst alle Aktivitäten zur Übergabe der IT-Services an den (neuen) IT-Dienstleister. Die Schwierigkeit liegt darin, den Übergang (mit/ohne Wechsel des IT-Services und/oder des IT-Dienstleisters) bei gleichbleibender IT-Sicherheit und ohne Ausfälle und andere Beeinträchtigungen im Geschäftsablauf der Anwenderorganisation zu bewerkstelligen.

Entsprechend ist eine Migrationsplanung notwendig, in der Risiken identifiziert und behandelt werden. Trouble-Shooting und Rückfallmöglichkeiten müssen vorbereitet werden. Bezüglich der IT-Sicherheit muss bedacht werden, dass während des Umzugs weder frühere Maßnahmen noch die Maßnahmen des neuen IT-Service vollständig greifen.

3) ITSM AKTIVIEREN: Für den IT-Betrieb werden Prozesse und Verfahren implementiert, die zur Aufrechterhaltung der IT-Sicherheit erforderlich sind. Dazu gehört auch, die Betriebsmannschaften für das IT-Service-Management (ITSM) zuzuweisen und die entsprechenden Tools wie Ticketing-Systeme einsatzbereit zu machen. Natürlich muss am Ende die gesamte Konfiguration einschließlich der Komponenten für den IT-Service durch das Asset und Configuration Management auf den aktuellen Stand gebracht und in der entsprechenden Datenbank (CMDB) abgelegt sein.

4) JSM EINRICHTEN: Sofern noch nicht geschehen, wird nun auch die Sicherheitsorganisation aktiviert und zwar auf Seiten des IT-Dienstleisters und der Anwenderorganisation. Es werden Verantwortlichkeiten zugewiesen, Schnittstellen zwischen beiden Parteien etabliert und mit den ITSM-Prozessen verbunden. Die Mitwirkung aller Parteien einschließlich der Zulieferer wird (zum Beispiel für die Fehlersuche) sichergestellt. Siehe *Joint Security Management (JSM)* [3].

5) INS ANWENDERUMFELD INTEGRIEREN: Auch die korrekte Nutzung des IT-Service trägt wesentlich zur IT-Sicherheit bei. Das fängt damit an, dass der (neue) IT-Service korrekt in das geschäftliche Umfeld der Anwenderorgani-

sation integriert wird und mit anderen IT-Services, den Prozessen und der geschäftlichen Organisation insgesamt harmoniert. Wesentliche Weichenstellungen sollten schon früher während der Phase der Verhandlungen und des Vertragswesens (Contracting) vorgenommen worden sein. Nun gilt es, dass die Anwenderorganisation dies final sicherstellt und verbliebende Aufgaben erledigt. Doch auch in der Betriebs- bzw. Nutzungsphase kommt es darauf an, dass Nutzer den IT-Service sachgerecht nutzen und dabei Richtlinien zur IT-Sicherheit beachten. Dazu liefert der IT-Dienstleister Informationen in Form von „Bedienungsanleitungen" (operating instructions). Die Anwenderorganisation muss dafür sorgen, dass die Anwender davon Kenntnis erhalten und sie anwenden.

Es wird hier davon ausgegangen, dass der IT-Dienstleister die Kapazitäten (Server- und andere Systeme sowie Personal) im Rahmen seines Capacity Managements (Kapazitätsmanagement), einem IT-Service-Management-Prozess gemäß ISO/IEC 20000 [7], dem identifizierten bzw. prognostizierten Bedarf entsprechend (siehe: Demand Management) steuert. Verändert sich das Volumen des Gesamtgeschäfts mehr oder minder kontinuierlich, so kann der IT-Dienstleister der prognostizierten Geschäftsentwicklung folgend neue Systeme aufbauen und existierende Plattformen erweitern. Sind IT-Services kundenspezifisch oder besitzen Einzelverträge ein sehr hohes Volumen, so ist dies nur noch sehr eingeschränkt möglich. Generell kann jede Art von Veränderungen im Vertragsbestand dazu führen, dass Systeme neu installiert, abgebaut oder ersetzt und Plattformen erweitert oder abgebaut werden. Werden Systeme entfernt, so ist auf die sichere Löschung der Kundendaten zu achten. Werden neue Systeme installiert, so sollten die jeweils neuesten Richtlinien für die IT-Service-Security Anwendung finden. Die Anpassung von Kapazitäten sollte so erfolgen, wie unter *Attainment* beschrieben. D.h., es werden die relevanten Standards (→ *Corporate Standards*) angewendet.

Operational evidence (Betriebliche Nachweise)

Betriebliche Nachweise sind Informationen, die zeigen, dass die Sicherheitsmaßnahmen nicht nur in angemessener Weise entworfen, sondern auch während des Betriebs umgesetzt, verwendet, gewartet und repariert werden. Betriebliche Nachweise werden in der Regel in Form von Sicherheitsberichten (security reports) erbracht, die zum Beispiel aus Logdaten, Ereignisdaten und Audit-Trails generiert werden. Den Kern der Sicherheitsberichte bilden Elemente wie die Bedrohungslage, (abgewehrte) Angriffe, Sicherheitsvorfälle und die Bearbeitung von Schwachstellen. Auf diese Weise liefern sie ein Lagebild (security posture).

Damit sind wir in der Betriebsphase angelangt. Das letzte Element im *Fulfillment* beschäftigt sich mit der Verbesserung der IT-Service-Security. Dies wird in Abschnitt 3.4.2 besprochen, wo es um „Modernisierung und Innovationen" geht. Doch zuvor werden noch zwei wichtige Aspekte erläutert: das „Vertragswesen" und die „Nutzerhandbücher".

Contracting (Vertragswesen)

Am Anfang wird immer ein Vertrag geschlossen. Im einfachsten Fall kommt der Vertrag zustande, indem die Anwenderorganisation die Allgemeinen Geschäftsbedingungen (AGB) und die Servicebeschreibung „per Klick" akzeptiert.[11] Im komplexen Fall wird ein kundenspezifischer Vertrag ausgearbeitet, der Teil eines umfangreichen Beziehungsmanagementprozesses ist, wie ihn ISO/IEC 20000 [7] als „Business Relationship Management (BRM)" definiert, der wiederum in engem Zusammenhang mit dem Prozess „Service Level Management (SLM) steht, indem a) die Service-Kataloge (Service Catalogues) herangezogen werden und b) kundenbezogen die zu erbringenden IT-Services und ihre Zielgrößen definiert werden. Da der SLM die betriebliche Umsetzung („operational") steuert, werden nun eventuell auch erst interne Beauftragungen angestoßen (auf Basis sogenannter *Operational Level Agreements, OLA*; siehe weiter unten). Zudem können selbst externe Beauftragungen bei Lieferanten nötig werden, sodass sogenannte *Underpinning Contracts (UC)*, siehe weiter unten, geschlossen oder erweitert werden. Grundsätzlich sind alle diese Verträge und Übereinkünfte relevant für die IT-Sicherheit. Nur durch Standardisierung und die Nutzung vorgefertigter Vorlagen (blueprints) kann die Komplexität beherrscht werden.

Operational Level Agreements (OLA) sind Vereinbarungen bzw. Verträge über die Beschaffung bzw. Lieferung von IT-Services, IT-Systemen, IT-Komponenten, Software oder sonstigen Leistungen INNERHALB der eigenen Organisation des *IT-Dienstleisters*, also zwischen Organisationseinheiten, die auf betrieblicher Ebene zusammenarbeiten.

Underpinning Contracts (UC) sind Verträge, die der *IT-Dienstleister* mit seinen Zulieferern abschließt, die direkt oder indirekt zur Bereitstellung des IT-Services beitragen, aber NICHT zur Organisation des IT-Dienstleisters gehören. In der Regel handelt es sich um *Hersteller (manufacturers, vendors)*, manchmal jedoch auch um andere IT-Dienstleister oder Beratungsfirmen und dergleichen.

Es wurde oben erwähnt, dass die Anwenderorganisation dafür sorgen muss, dass die Nutzer den IT-Service korrekt nutzen und dabei Richtlinien zur IT-Sicherheit beachten. Dazu liefert der IT-Dienstleister Informationen in Form von „Bedienungsanleitungen" (operating instructions).

---

[11] Im deutschen Recht gibt es keine Formvorschriften für derartige Verträge. Das dürfte in anderen Ländern auch so sein.

Operating instructions (Bedienungsanleitungen)

Bedienungsanleitungen oder Nutzerhandbücher informieren die Nutzer darüber, wie sie einen IT-Service sicher einrichten, konfigurieren, nutzen und warten können und was beachtet werden muss, um die Funktionalität und Qualität einschließlich der IT-Sicherheit aufrechtzuerhalten. Bedienungsanleitungen oder Nutzerhandbücher werden verwendet, nachdem die Kaufentscheidung getroffen und der Zugang zur IT-Dienstleistungsumgebung gewährt wurde.

Oft ist es notwendig, zwischen privilegierten und normalen Nutzern zu unterscheiden. Erstere übernehmen Konfigurationsarbeiten während des Betriebs (wie die Einrichtung von Nutzern) oder übernehmen Konfigurationsarbeiten für die Herstellung der Betriebsbereitschaft (siehe *Operational Readiness*), die der IT-Dienstleister dem Anwender überlässt.

3.4.2 IT-Service-Security verbessern

Anwenderorganisation und IT-Dienstleister treffen Vereinbarungen (schließen Verträge), bevor ein IT-Service erstmals bereitgestellt und genutzt wird. Die Verträge basieren jedoch auf Analysen und Annahmen, deren Gültigkeit regelmäßig überprüft werden muss. Das führt oft dazu, dass Anforderungen neu justiert und Lösungen modernisiert werden müssen. (Eine ausführlichere Darstellung dazu findet man in Abschnitt 7.11 in [3].)

Sehr unterschiedliche Ereignisse können dazu Anlass geben, geschlossene Verträge zu überdenken und gegebenenfalls zu aktualisieren. Auf Seiten der Anwenderorganisation ändern sich geschäftliche Anforderungen, die sich auf die benötigten IT-Services oder sogar direkt auf die zu implementierende IT-Sicherheit auswirken. So werden bestehende Anwendungen (Anwendungssoftware oder Applikation)[12] modifiziert, neue kommen hinzu oder sollen in einer anderen Umgebung betrieben werden. Häufig wird auch die Anzahl der IT-Dienstleister und/oder die Anwendungslandschaft konsolidiert. Aufkäufe von Firmen (acquisitions), Zusammenschlüsse (mergers) sowie andere organisatorische Umstrukturierungen sind ein anderer Grund dafür, die IT-Services zusammenzuführen und zu ändern.

Auf Seiten der IT-Dienstleister sind es meist der technologische Fortschritt, Kostendruck und veränderte Marktanforderungen, die Modernisierungen erforderlich machen. Ändert sich die IT, so hat dies immer auch Einfluss auf die benötigten IT-Sicherheitsmaßnahmen und deren Aufrechterhaltung. Aber auch eine veränderte Bedrohungslage kann es erforderlich machen, die Maßnahmen der IT-Sicherheit zu verbessern. Sehr häufig stehen bestimmte IT-Komponenten (Produkte) nicht mehr zur Verfügung und müssen durch andere ersetzt werden, oder der IT-Dienstleister

---

[12] Software, die den Endanwender als Konsumenten oder als Teil eines geschäftlichen Arbeitsablaufs direkt bei der Erledigung spezifischer Aufgaben unterstützt. Die Anwendung befindet sich ganz oben im IT-Stack.

möchte aus strategischen oder kaufmännischen Gründen Produkte oder Zulieferer austauschen.

Es gibt verschiedenste Anlässe und Gründe, warum die IT und möglicherweise auch die vereinbarte IT-Sicherheit modifiziert werden sollen. Beide Parteien können dies veranlassen. Erfolgt die Modifikation auf Initiative des IT-Dienstleisters, so kann es laut Vertrag erforderlich sein, dass die Anwenderorganisation informiert werden oder sogar ihr Einverständnis geben muss. Es kann auch erforderlich sein, dass der Vertrag modifiziert wird. Dies kann auch der Fall sein, wenn die Initiative von der Anwenderorganisation ausgeht.

Es ist essentiell, solche Modifikationen (in der Betriebsphase und nach Vertragsabschluss) und ihren Einfluss auf die IT-Sicherheit im Blick zu haben und aktiv zu gestalten. Um dies sicherzustellen und um die unterschiedlichen Fälle diskutieren zu können, führen wir den Begriff *Modification* ein, auch wenn der Begriff und die Tatsache, für die er steht, für sich genommen wenig Innovatives in sich birgt. Oft werden Vertragsänderungen auch als Change bezeichnet. Um Verwechselungen mit dem in der IT üblichen Begriff zu vermeiden, wurde eine anderer Begriff gewählt. Außerdem sind die „Modifikationen", um die es hier geht, oft sehr umfassend, weil sie auch die entsprechenden IT-Projekte und ihre Durchführung umfassen sollen. Es handelt sich um Modernisierungs- und Innovationsprojekte.

Modification (Modifikation)

>Änderungen, die aus Sicht betroffener Kunden (Anwenderorganisationen) während der Betriebsphase durchgeführt werden und nicht nur die Aufrechterhaltung von Funktionalitäten und/oder Qualitätsparametern, sondern deren signifikante Veränderung zum Ziel haben.

>Modifikationen werden vom IT-Dienstleister im Projektmodus kundenspezifisch oder kundenunabhängig durchgeführt. In jedem Fall sind Kunden (Anwenderorganisationen) betroffen, da es sich nicht um eine Neuentwicklung eines IT-Service handelt, sondern der modifizierte IT-Service einen aktuell genutzten ersetzen soll.

>Abhängig von existierenden vertraglichen Regelungen sind, insbesondere wenn die Modifikation durch den IT-Dienstleister initiiert wird, drei Fälle zu unterscheiden:
>a) der Kunde (die Anwenderorganisation) muss nicht informiert werden und keine Zustimmung geben,
>b) der Kunde (die Anwenderorganisation) muss informiert werden, aber der Modifikation nicht explizit zustimmen und
>c) der Kunde (die Anwenderorganisation) muss informiert werden und seine Zustimmung geben.

Die Modifikation kann aber auch durch die Anwenderorganisation initiiert werden. Auch für diesen Fall kann der bestehende Vertrag einen Umsetzungsvorbehalt vorsehen oder andere Regeln definieren.

In der Regel wird die Anwenderorganisation für die Modifikation ein eigenes Projekt aufsetzen, da sie eine neue Situation schafft. Unter anderem muss überlegt werden, ob der bestehende Vertrag ergänzt oder verändert werden muss, welche Anforderungen bestehen, welche Abhängigkeiten mit bestehenden IT-Services bestehen und welche Auswirkungen die neue Lösung insgesamt hat. Oft werden Anwenderorganisationen aktiv in die Modernisierungsvorhaben involviert.

3.5   Zusammenfassung

Abb. 15 enthält die wichtigsten Begriffe für ein systematisches IT-Service-Security-Management gemäß der in diesem Buch verbesserten und erweiterten Sicherheitsarchitektur ESARIS (Enterprise Security Architecture for Reliable ICT Services.

Das *Attainment* (siehe Abb. 15) beschäftigt sich mit der Bereitstellung von Sicherheitsstandards und mit deren Umsetzung. Der ERSTE SCHRITT besteht in der Bereitstellung der Standards (siehe Abb. 15). Ein *Maintenance System* dient der Erstellung, Verwaltung und Bereitstellung. Ein *Endorsement Framework* stellt sicher, dass relevante Marktanforderungen und wichtige Anforderungen an die Compliance Berücksichtigung finden. Die Standards sind in einer *Documentation Hierarchy* geordnet und mit Hilfe einer *Taxonomy* weiter thematisch und zielgruppengerecht sortiert. Am Ende gibt es einen Satz von *Corporate Standards*, die die Grundlage für die IT-Service-Security sind. Der ZWEITE SCHRITT betrifft die Lieferkette (siehe Abb. 15), also die Planung und Durchführung der Beschaffung aller Einzelkomponenten und Leistungen. Es werden intern Vereinbarungen (*Operational Level Agreements, OLA*) getroffen und Verträge mit Lieferanten (*Underpinning Contracts, UC*) geschlossen (siehe Abb. 15). Im DRITTEN Schritt erfolgt die Implementierung (siehe Abb. 15) und danach im VIERTEN Schritt die Verifizierung der Implementierung. Der FÜNFTE Schritt besteht in der Herstellung der Vertriebsbereitschaft (siehe Abb. 15). Insbesondere werden Unterlagen für die Anwenderorganisationen (Kunden) des IT-Dienstleisters erstellt. Mit diesen Unterlagen (hier als *Security Proposition* bezeichnet, endet das *Attainment* und wir kommen in die Phase *Fulfillment* (links in Abb. 15).

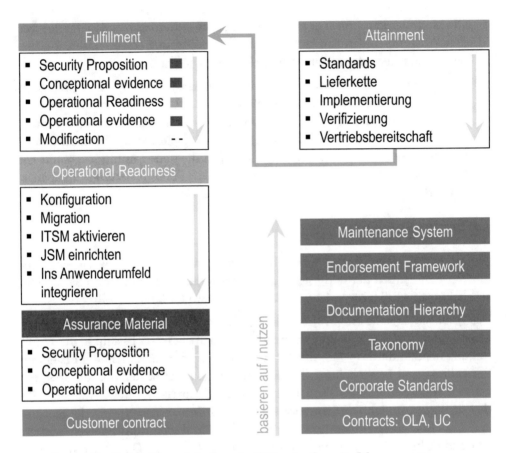

Abb. 15: Begriffe und Aufbau des IT-Service-Security-Managements

Das *Fulfillment* (siehe Abb. 15) beschäftigt sich damit sicherzustellen, dass die Sicherheitsanforderungen der Anwenderorganisation (Kunde des IT-Dienstleisters) erfüllt sind und entsprechende Nachweise vorliegen. Im ERSTEN Schritt erhält der Kunde Unterlagen. Diese als *Security Proposition* bezeichneten Unterlagen sind Teil des *Assurance Materials*, siehe Abb. 15. Artikuliert die Anwenderorganisation (der Kunde) spezifische Anforderungen, so wird im ZWEITEN Schritt anhand der *Conceptional evidence* erkennbar, ob diese erfüllt werden können. In jedem Fall wird ein Vertrag (contract, siehe Abb. 15) mit dem Kunden geschlossen. Im DRITTEN Schritt wird die Betriebsbereitschaft hergestellt (*Operational Readiness*). Dieser Schritt ist komplex und besteht aus a) Konfiguration, b) Migration, c) ITSM aktivieren, d) JSM einrichten und e) Ins Anwenderumfeld integrieren. Siehe Abb. 15. Im VIERTEN Schritt wird der IT-Service vertragsgemäß bereitgestellt. Für die Anwenderorganisation (den Kunden) spielt dabei die Bereitstellung der *Operational evidence* eine entscheidende Rolle. Auch diese ist Teil des *Assurance Materials*. Siehe Abb. 15. Während der Betriebsphase kann es im FÜNFTEN und letzten Schritt *Modifications* geben.

Die Abb. 15 enthält alle definierten Kernbegriffe bis auf *Standardisierung, Contracting* und *Operating instructions*.

Literaturverzeichnis

Referenzen (Quellen)

[1]   Eberhard von Faber and Wolfgang Behnsen: Secure ICT Service Provisioning for Cloud, Mobile and Beyond (ESARIS: The Answer to the Demands of Industrialized IT Production Balancing Between Buyers and Providers); Springer Vieweg, Wiesbaden 2017, pages 382, figures 159, ISBN 978-3-658-16481-2, 2nd updated and extended Edition, https://doi.org/10.1007/978-3-658-16482-9

Hinweis: Viele der Begriffe und die grundsätzliche Struktur der ESARIS-Sicherheitsarchitektur wurden schon in der ersten Auflage dieses Buches von 2013 beschrieben.

[2]   Eberhard von Faber: Zur Zukunft des IT-Sicherheitsmanagements angesichts des Wandels von Technik und Serviceerbringung (Ein Diskussionspapier); in: Datenschutz und Datensicherheit - DuD, 45(10), Oktober 2021, Springer Fachmedien, Wiesbaden 2021, ISSN 1614-0702, pp 691-697, https://doi.org/10.1007/s11623-021-1516-0 (SharedIt: https://rdcu.be/cyleD)

[3]   Eberhard von Faber and Wolfgang Behnsen: Joint Security Management: organisationsübergreifend handeln (Mehr Sicherheit im Zeitalter von Cloud-Computing, IT-Dienstleistungen und industrialisierter IT-Produktion); Springer Vieweg, Wiesbaden 2018, 246 Seiten, 60 farbige Abbildungen, ISBN 978-3-658-20833-2, https://doi.org/10.1007/978-3-658-20834-9

[4]   Eberhard von Faber: Zwölf Prinzipien für systematische IT-Service-Security, Rahmen und Grundsätze für nachhaltigen Erfolg; in: Datenschutz und Datensicherheit - DuD, 46, November 2022, Seite 703-706, Springer, ISSN 1614-0702, https://doi.org/10.1007/s11623-022-1687-3 (SharedIt: https://rdcu.be/cZLlM)

[5]   Eberhard von Faber and Michael Pauly: User Risk Management Strategies and Models – Adaption for Cloud Computing; in: Securing Electronic Business Processes, Proceedings of the Information Security Solutions Europe, ISSE 2010, Vieweg+Teubner, Wiesbaden, 2010, ISBN 978-3-8348-1438-8, p. 80-90, https://doi.org/10.1007/978-3-8348-9788-6_8

[6]   Eberhard von Faber: IT und IT-Sicherheit in Begriffen und Zusammenhängen, Thematisch sortiertes Lexikon mit alphabetischem Register zum Nachschlagen; Springer Vieweg, Wiesbaden 2021, 289 Seiten, 64 farbige Abbildungen, ISBN 978-3-658-33430-7, https://doi.org/10.1007/978-3-658-33431-4

[7]   ISO/IEC 20000 – Information technology – Service management – Part 1: Service management system requirements, Part 2: Guidance on the application of service management systems

Weitere Literatur (Empfehlungen)

Eine Zusammenfassung mit vielen weiteren Details zum IT-Service-Management findet man in Kapitel 5 „IT-Verfahren, Abläufe und Prozesse" meines Buches [6].

Ausführliche Informationen zu Verträgen und Vertragsbeziehungen findet man dort im Kapitel 7 „Kunden, Verträge, Geschäfte".

Die Interaktion zwischen IT-Dienstleister und Anwenderorganisation in den unterschiedlichen Phasen ihrer Geschäftsbeziehung wird anhand von vielen Beispielen im Kapitel 7 meines Buches [3] beschrieben.

ELEKTRONISCHES ZUSATZMATERIAL
Die Abbildungen sind als PowerPoint-Datei
über https://link.springer.com/ auf der Seite des eBooks abrufbar.

4   Assurance Management

Um IT-bezogene Risiken zu managen, ist es A) nötig, Maßnahmen für die IT-Sicherheit zu planen, umzusetzen und zu verbessern. Dazu muss B) die erreichte IT-Sicherheit stetig überprüft, gemessen und bewertet werden. Beides gehört zusammen. Siehe Abb. 16. Beziehen Anwenderorganisationen ihre IT-Services jedoch von unabhängigen IT-Dienstleistern, so werden beide Aufgabengebiete teilweise entkoppelt und das Aufgabengebiet B ändert sich ganz wesentlich. Um die Herstellung der IT-Sicherheit (A) kümmert sich der IT-Dienstleister. Die Anwenderorganisation benötigt hingegen Informationen über die IT-Sicherheit, um die IT-Sicherheit bzw. die Risiken messen, einschätzen und bewerten zu können. Die Bereitstellung, Kommunikation und Bewertung dieser Informationen (B) ist so zentral, dass wir sie als eigene Disziplin ansehen (Assurance Management).

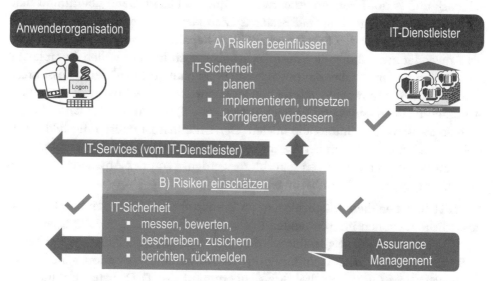

Abb. 16: Zwei Aufgabengebiete der IT-Sicherheit und ihr Wandel durch die unternehmerische Trennung von Anwender und IT-Dienstleister

Ergänzende Information Die elektronische Version dieses Kapitels enthält Zusatzmaterial, auf das über folgenden Link zugegriffen werden kann https://doi.org/10.1007/978-3-658-41933-2_4.

© Der/die Autor(en), exklusiv lizenziert an
Springer Fachmedien Wiesbaden GmbH, ein Teil von Springer Nature 2023
E. von Faber, *IT-Service-Security in Begriffen und Zusammenhängen*,

4.1   Der Charakter von Dienstleistungen und die Folgen

Die wenigsten der im weitesten Sinne im Security-Management beschäftigten Mitarbeiter und Mitarbeiterinnen sind heute aktiv mit der Entwicklung, Implementierung und Verbesserung von Maßnahmen ZUR ERHÖHUNG der IT-Sicherheit befasst. Sie beschäftigen sich mit Informationen ÜBER DIE IT-Sicherheit. Und trotzdem ist das Konzept „Assurance-" oder „Zusicherungsmanagement" [1] nur wenig bekannt; und seine Hintergründe werden oft nur wenig verstanden. Deshalb beginnen wir mit einem Beispiel zu Besitzverhältnissen und Verantwortlichkeiten. Daraus leiten sich dann Anforderungen ab, die verständlich machen, wann die Anwenderorganisationen welche Informationen benötigen und was es mit dem Assurance-Management auf sich hat.

Man stelle sich vor, man möchte eine komplexe Immobilie mit einem Haupt- und diverses Nebengebäuden nutzen. Hierfür gibt es prinzipiell drei Möglichkeiten. 1) Man beauftragt einen Architekten, Haupt- und Nebengebäude nach eigenem Geschmack und Anforderungen zu entwerfen und zu bauen. Dann übernimmt man die Immobilie als Eigentum und Besitz. 2) Man kann eine existierende Immobilie kaufen und selbst für den Erhalt und allfällige Reparaturen sorgen. Dann hat man als Anwender zwar die volle Kontrolle, ist aber auch mit der vollen Komplexität konfrontiert und muss über das notwendige Wissen und die benötigten Ressourcen verfügen, um die Immobilie unterhalten zu können und eventuell auch den neuen Anforderungen entsprechend weiterzuentwickeln. 3) Der Anwender kann die Immobilie als verwaltete Immobilie mieten. Der Unterhalt ist vollständig inkludiert. Geht etwas kaputt, hat man den Vermieter als Ansprechpartner. Über Verbesserungen, um neuen Anforderungen gerecht zu werden, kann der Anwender mit dem Vermieter gesonderte Vereinbarungen treffen.

In der IT bestehen diese Möglichkeiten im Prinzip ebenso. Und auch hier kann, als zusätzliche Optionen im Mietmodell (3), zwischen vollständig möbliert, teilweise möbliert und unmöbliert gewählt werden. Tab. 1 zeigt einige Beispiele. Bei einem IT-Service ist die IT meist nicht im Besitz der Anwenderorganisation, sondern des IT-Dienstleisters (zweite Spalte). Meist übernimmt der IT-Dienstleister auch die Rolle des Verwalters (dritte Spalte). Manchmal wird die Rolle des Verwalters aber auch aufgeteilt. Dann muss definiert werden, wer welche Aufgaben wahrzunehmen hat. Die grundlegende Konstruktion (vierte Spalte in Tab. 1) bestimmt bei heutigen, großtechnisch hergestellten IT-Service fast immer der IT-Dienstleister. Genaueres bestimmt das Service-Modell [2].

Tab. 1: Verantwortlichkeiten und Einflussmöglichkeiten der Anwender und der Dienstleister bzw. der Hersteller bei Produkten (vereinfachte Beispiele)

Rolle → und Partei → Liefergegenstand ↓	Besitzer der IT		Verwalter der IT		Einfluss auf Konstruktion		Einfluss im Betrieb	
	Anwender	Dienstleister	Anwender	Dienstleister	Anwender	Dienstleister	Anwender	Dienstleister
Produkt	X					X		X
1. IT-Service, Eigenbetrieb	X		X		X		X	
2. IT-Service, unmanaged		X	X			X	X	
3. IT-Service, managed		X		X		X		X

Wenn wir auf das Beispiel mit der Immobilie noch einmal zurückkommen, müsste es bei der Übertragung auf die IT noch zwei Nebenbedingungen geben. Nebenbedingung 1: Man darf das Gelände vor dem Kauf nicht betreten und die Gebäude nicht in Augenschein nehmen. Was würde man als interessierter Mieter also tun? Man würde sich Grundrisse, Zeichnungen, Fotos und dergleichen geben lassen und dann entscheiden. Das „Angebotsprospekt" für die IT-Sicherheit eines IT-Service hatten wir in Kapitel 3 mit *Security Proposition* bezeichnet. Mehr kundenspezifische Details lieferte die *Conceptional evidence*).

Nebenbedingung 2: Auch wenn man eingezogen ist, kann man die Räume der Gebäude zwar benutzen, aber man kann nichts sehen. Alles ist dunkel – im dichten Nebel der Cloud verborgen. Oder etwas realistischer: Der Anwender wohnt nicht selbst dort, sondern minderjährige Personen, für die er die volle Verantwortung trägt. Was würde man als Anwender hier tun? Immer geht es um Informationen, die jedoch eingefordert, bereitgestellt und beschafft werden müssen. Die Auslagerung der IT an einen IT-Dienstleister verändert mehr, als man denkt.

Man sollte seine Vorstellungen aus der Welt der Produkte nicht aufs IT-Geschäft im Geschäfts- und Großkundenbereich übertragen. Ein Produkt wird durch Fertigung hergestellt und dann dem Anwender zur bestimmungsgemäßen, vorhersehbaren Verwendung übergeben [3]. Im Geschäfts- und Großkundenbereich handelt es sich demgegenüber fast immer um eine IT-Dienstleistung, die wir hier stets als IT-Service bezeichnen. Ein IT-Service wird über einen längeren Zeitraum erbracht und umfasst nicht nur gelegentliche Eingriffe des Herstellers wie bei einem Produkt (wie zum

Beispiel Gewährleistung und eine eventuelle Fehlerbeseitigung durch Aktualisierung). Die Dienstleistung erfolgt über einen längeren Zeitraum und in einem sich gegebenenfalls wandelnden Umfeld. Statt genau spezifiziert zu werden (wie ein Produkt), werden bei einem IT-Service Eckpunkte definiert, die beschreiben, was geboten wird und was der Hersteller (hier: IT-Dienstleister) tut. Es überwiegen Tätigkeitsbeschreibungen. Das Resultat ist für den Anwender weniger genau definiert als bei einem Produkt.

Hier sind ein paar Beispiele, die zeigen, was sich im Umfeld ändern kann und Änderungen nach sich zieht, während ein IT-Service vertragsgemäß bereitgestellt wird:

- Eine veränderte Bedrohungslage erfordert neue Maßnahmen der IT-Sicherheit.
- Es werden neue Fehler (Schwachstellen) gefunden, die auszumerzen sind.
- Produkte und Komponenten sind nicht mehr verfügbar bzw. werden nicht mehr unterstützt (keine Fehlerbeseitigung). Sie müssen ersetzt werden.
- Kostendruck oder andere solche Anforderungen erfordern Änderungen in Abläufen, den Einsatz anderer IT-Komponenten oder eine neue IT-Architektur.
- Neue funktionale Anforderungen der Kunden und Märkte erfordern eine Umgestaltung (redesign) von IT-Systemen.
- Steigende Anforderungen der Kunden und Märkte an die Verfügbarkeit, Performance und an andere Qualitätsparamater führen dazu, dass IT-Systeme umgestaltet werden müssen.
- Änderung der Nutzungsgewohnheiten führen zu Änderungen in der IT.

In derartigen Situationen würde man ein Produkt vielleicht durch ein anderes ersetzen. Im Falle von IT-Services werden diese oder die ihnen zugrundliegenden IT-Systeme dagegen modifiziert.

Warum interessiert uns das? Das Verhältnis zwischen Anwender und IT-Dienstleister ist ein anderes, besonders im Großkundenbereich (Enterprise customers). Nicht nur, dass die Angebots- bzw. Service-Beschreibungen nicht alles absolut präzise definieren. Auch wie Anpassungen zukünftig vorgenommen werden und welche das sind ist nicht exakt definiert. Die Aufrechterhaltung eines IT-Service unter wandelnden Bedingungen verlangt nicht nur vom IT-Service selbst eine gewisse Flexibilität, sondern auch von den beteiligten Parteien. Deshalb stehen die Anwenderorganisation und der IT-Dienstleister kontinuierlich im Informationsaustausch.

Zusätzlich zum bzw. als Bestandteil des IT-Service muss der IT-Dienstleister also auch Informationen liefern und zwar vor allem zu Beginn der geschäftlichen Beziehung, aber auch kontinuierlich während der gesamten Zeit der Geschäftsbeziehung. Wir sprechen hier von *Assurance Material*, wenn es um Informationen zur IT-Sicherheit geht. Siehe Abb. 17 [4]. Da die Informationen Konsequenzen haben können bzw. oft zu Anpassungen führen müssen, fließen Informationen auch zurück an den IT-Dienstleister. Beide Parteien müssen im kontinuierlichen Austausch stehen, der mal mehr, mal minder intensiv sein kann. Dies ergibt sich, wie gezeigt wurde, aus dem Charakter einer IT-Dienstleistung (IT-Service), bei dem eine Partei beauftragt wird, über einen längeren Zeitraum eine Leistung mit Hilfe von Informationstechnologie zu erbringen, was primär heißt, etwas zu tun.

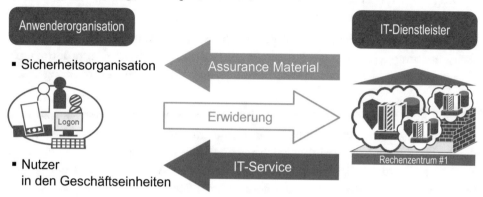

Abb. 17: Zwei Lieferleistungen für zwei Zielgruppen

4.2 Die zwei Gesichter der IT-Sicherheit

Die Literatur und die Standards beschäftigen sich üblicherweise primär mit der Herstellung und Aufrechterhaltung der IT-Sicherheit. Für Anwenderorganisationen, das heißt die Masse der Unternehmen und Institutionen, ist das aber nicht die primäre Aufgabe. Doch auch bei den IT-Dienstleistern beschäftigt sich ein großer Teil der IT-Sicherheitsexperten NICHT mit der Herstellung und Aufrechterhaltung der IT-Sicherheit, sondern mit der Verwaltung von Informationen ÜBER die IT-Sicherheit, das heißt, mit der Beschaffung, Bewertung und Kommunikation von Informationen ÜBER die IT-Sicherheit.

Das Konzept heißt Vertrauenswürdigkeit (assurance) und bildet den Schwerpunkt von TCSEC [5], ITSEC [6] und Common Criteria [7]. Das englische Verb heißt so viele wie „etwas zusichern", aber auch „etwas sicherstellen". Der deutsche Begriff Vertrauenswürdigkeit bezieht sich auf das Resultat bzw. diejenige Eigenschaft, die es dem Anwender ermöglicht, zu vertrauen bzw. sich darauf verlassen zu können, dass Restrisiken auch für ihn akzeptabel sind.

Vertrauenswürdigkeit (assurance)

Vertrauenswürdigkeit bezeichnet das Maß an Wissen/Vertrauen, dass keine nicht-akzeptierten Risiken (risks) bestehen (bzw. die Sicherheit gewährleistet ist). Dies ist dann der Fall, wenn die Sicherheitsvorgaben (security target) umgesetzt und die Sicherheitsziele (security objectives) erreicht sind. Vertrauenswürdigkeit wird durch Techniken wie die Befolgung bestimmter Sicherheitsverfahren im Lebenszyklus und durch Transparenz hinsichtlich ihrer Einhaltung erreicht. Bei der Herstellung der Transparenz spielen oft Untersuchungen

(Evaluierungen) durch Dritte eine wichtige Rolle, die auch die Basis für eine Zertifizierung bilden können.

Das heißt, ein System gilt dann als vertrauenswürdig, wenn dem Anwender genügend Informationen über die Wirksamkeit und Korrektheit der implementierten Sicherheitsmaßnahmen vorliegen.

Die Definition objektiviert: Sie knüpft die „Unbedenklichkeit" für den Anwender an die Einhaltung der (von ihm) definierten „Sicherheitsvorgaben" (Anforderungen) – aber nur dann, wenn ausreichende Informationen über diese Verknüpfung vorliegen.

Um zur Einschätzung der „Unbedenklichkeit" oder *Vertrauenswürdigkeit* zu kommen, benötigen Anwenderorganisationen Informationen über die IT-Sicherheit (für die der IT-Dienstleister verantwortlich zeichnet). Diese Informationen dienen als Basis für ihr operatives Risikomanagement und um ihre Auditoren, Wirtschaftsprüfer, Behörden, Kunden und anderen Interessengruppen zufriedenstellen zu können. Das Konzept *Vertrauenswürdigkeit* verdient mehr Beachtung und muss genau wie die Herstellung und Aufrechterhaltung der IT-Sicherheit mit Einzelmaßnahmen geplant und umgesetzt werden. Neben dem „Security-Management" wird ein „Assurance-Management" benötigt.

Assurance Management (Zusicherungsmanagement)

> Ein System einschließlich aller zugehörigen Aktivitäten für die Beschaffung, Bewertung und Kommunikation von Informationen über die IT-Sicherheit. Während ein IT-Sicherheitsmanagement im engeren Sinne die IT-Sicherheit erhöht und dies zum Ziel hat, erhöhen Aktivitäten im Assurance-Management die IT-Sicherheit NICHT, auch wenn sie vielleicht wichtige Anstöße dafür liefern.

> Das Assurance-Management verwaltet *Assurance Material*. Darunter kann man alle Dokumente verstehen, die Informationen über die IT-Sicherheit zum Inhalt haben und dafür angefertigt wurden, primär Anwender zu informieren. Die Anwender werden damit in die Lage versetzt, die mit der Nutzung der IT (IT-Service bzw. IT-Produkte) verbundenen Risiken einzuschätzen, ein operatives Risikomanagement zu unterhalten, den Nachweis der Einhaltung von Gesetzen, Normen, Regularien und dergleichen zu erbringen sowie Kunden, Auditoren, Teilhaber und andere Interessengruppen des Anwenders zu informieren.

Es ist wichtig zu verstehen, dass das „Assurance-Management" die IT-Sicherheit im Gegensatz zum „IT-Sicherheitsmanagement" NICHT erhöht, auch wenn es vielleicht wichtige Anstöße dafür liefert. Trotzdem sind die Aufgaben eines „Assurance-Managements" bei einem größeren IT-Dienstleister sehr vielfältig und äußerst wichtig, besonders wenn er IT-Services kommerziell anbietet.

4.3 Informationen über die IT-Sicherheit bereitstellen und verwalten

IT-Services zu beschaffen, die den IT-Sicherheitsanforderungen der Anwenderorganisation genügen, bedeutet mindestens dreierlei: 1. den „richtigen" (vertrauenswürdigen) IT-Dienstleister auszuwählen, 2. denjenigen IT-Service auszusuchen, der die Anforderungen erfüllt (vertrauenswürdig ist), und 3. kontinuierlich prüfen zu können, ob beide Einschätzungen noch richtig sind. Dazu kommt eigentlich, dass 4. die Anwenderorganisation nicht nur die eine Option hat, den Vertrag zu beenden und den Anbieter zu verlassen, sondern gegebenenfalls derart Einfluss nehmen kann, dass dies nicht nötig ist, der IT-Service also verbessert wird.

In Bezug auf den IT-Dienstleister (Nr. 1 und 4) gibt es also folgende Fragestellungen [8] bzw. Kriterien aus Sicht der Anwenderorganisation:

- Steuerbarkeit (controllability): Wie kann der IT-Dienstleister gelenkt werden, um sicherzustellen, dass er das Richtige tut?
- Befähigung (capability): Wie kann man wissen, ob der IT-Dienstleister in der Lage ist, die richtigen Dinge zu tun?
- Transparenz (transparency): Wie kann man wissen, ob der IT-Dienstleister das Richtige tut?
- Messbarkeit (measurability):
  - Wie kann man wissen, dass der IT-Dienstleister das Richtige in der richtigen Art und Weise tut?
  - Wie kann man wissen, ob das Ziel erreicht und die Sicherheitsziele angemessen erfüllt werden?
- Vorhersagbarkeit (predictability): Wie kann man wissen, ob der IT-Dienstleister auch in Zukunft das Richtige in der richtigen Art und Weise tun wird?

In Bezug auf den IT-Service (Nr. 2) hat die Anwenderorganisation ihre Anforderungen definiert, die mit den Eigenschaften des IT-Service und seiner Herstellung verglichen werden. Diesbezügliche Informationen vom IT-Dienstleister wurden (siehe Kapitel 3.4.1) als *Conceptional evidence*, deutsch: *Konzeptionelle Nachweise*, bezeichnet.

Während des Betriebs bzw. in der Phase der Bereitstellung und Nutzung des IT-Service soll der IT-Dienstleister derartige Informationen kontinuierlich bereitstellen. Sie wurden als *Operational evidence* bzw. *Betriebliche Nachweise* bezeichnet.

Die Anwenderorganisation bewertet diese. Im ersten Fall trifft sie zum Beispiel ihre Kaufentscheidung. Im zweiten Fall werden die Informationen für das eigene operative Risikomanagement genutzt und als Nachweis gegenüber eigenen Interessengruppen. In beiden Fällen werden sie für die Prüfung und Feststellung der Compliance benötigt, und die Anwenderorganisation kann auf ihrer Basis gegebenenfalls zum Beispiel Nachbesserung verlangen.

Was muss, auf der anderen Seiten stehend, der IT-Dienstleister tun?

Hier sind einige Beispiele [1], die mit der „Verwaltung" von Informationen über die IT-Sicherheit beim IT-Dienstleister verbunden sind:

- Analyse des begründeten Informationsbedarfs der (potenziellen) Anwender bezüglich der IT-Sicherheit und Compliance der IT-Services und Vergleich mit den Praktiken eventueller Mitbewerber des IT-Dienstleisters,

- Mitwirkung bei der Entwicklung einer entsprechenden Transparenzstrategie, die bestimmt, welchen Stellenwert der IT-Dienstleister der Information seiner Kunden (Anwender) und der Interaktion mit ihnen generell beimisst und wie dies praktisch umgesetzt werden soll,

  Hinweis: Hier ist nur von Mitwirkung die Rede, weil es andere handfeste Einflussgrößen gibt, die eine Transparenzstrategie bestimmen. Es werden also mehrere Interessengruppen beteiligt sein.

- Definieren und Entscheiden, welche Informationen unter welchen Bedingungen an Kunden (Anwender) kommuniziert werden können und welche Informationen als schützenswertes geistiges Eigentum angesehen und nicht kommuniziert werden dürfen,

- In den frühen Phasen der Entwicklung eines IT-Service dabei helfen, die IT-Sicherheitsziele und das Kundenversprechen (bezüglich der IT-Sicherheit und Compliance) zu formulieren,

- Dafür sorgen, dass die technischen Sicherheitsmaßnahmen eines IT-Service in dessen Leistungsbeschreibung adäquat, anwendergerecht und ausreichend umfangreich beschrieben werden,

- Dafür sorgen, dass die auf den Lebenszyklus bezogenen IT-Sicherheitsmaßnahmen (Entwicklung, Implementierung, Betrieb, Pflege, Außerbetriebnahme) des IT-Service in dessen Leistungsbeschreibung adäquat, anwendergerecht und ausreichend umfangreich beschrieben werden,

- Dafür sorgen, dass sowohl *konzeptionelle Nachweise* (*Conceptional evidence*) als auch *betriebliche Nachweise* (*Operational evidence*) erbracht werden können, die Kunden (Anwendern) zeigen, dass die technischen und die auf den Lebenszyklus bezogenen Sicherheitsmaßnahmen umgesetzt wurden,

- Dabei unterstützen und kontrollieren, dass auch alle Zulieferer des IT-Dienstleisters die notwendigen Informationen beisteuern, dass entsprechende Vereinbarungen getroffen werden (dazu ist die Analyse der internen und externen Lieferbeziehungen entlang der Lieferkette nötig) und dass die Informationen adäquat genutzt werden,

- Dabei unterstützen, dass die Dokumentation des IT-Dienstleisters so strukturiert und Dokumente so gekennzeichnet sind, dass die strikt interne Verwendung einerseits und die gemischt interne und externe Verwendung andererseits regelkonform und ohne Zusatzaufwände erfolgen kann,

- Dafür sorgen, dass Compliance-Aussagen gut vorbereitet werden, belegbar sind und korrekt dargestellt werden können,

- Die Erstellung von Material für vertriebliche Zwecke (Präsentationen, Flyer, Internetseiten und dergleichen) unterstützen und kontrollieren,

- Die Erstellung von Geschäftsbedingungen und Blaupausen für Verträge begleiten,

- Dabei unterstützen, auf Anfragen von Kunden (Anwendern) zu antworten, und zwar vor Vertragsabschluss, während eventueller Verhandlungen und während der gesamten Betriebsphase bis zum Abschluss der Außerbetriebnahme,

- Lösungen entwickeln und ihre Anwendung überwachen, damit Kunden (Anwender) entsprechend vertraglicher Vereinbarungen mit Informationen zur IT-Sicherheit versorgt werden (Security reporting),

- Externe Audits, Tests und Zertifizierungen organisieren und unterstützen sowie deren Ergebnisse ebenso an das IT-Sicherheitsmanagement weiterleiten, wie bekanntgewordene Kundenwünsche und dergleichen.

Die Aufgaben eines „Assurance-Managements" sind bei einem größeren IT-Dienstleister also äußerst vielfältig. Sie sind auch äußerst wichtig, insbesondere wenn der IT-Dienstleister die IT-Services kommerziell einer Vielzahl von Kunden anbietet, die unterschiedliche Anforderungen haben, weil sie in unterschiedlichen Branchen tätig sind, unterschiedlichen Leistungen erbringen und unterschiedlichen Gesetzen und Regularien unterliegen.

4.4　Organisation

IT-Sicherheitsexperten reden immer noch abstrakt von IT-Sicherheit und primär von Maßnahmen ZUR ERHÖHUNG der IT-Sicherheit. Dabei verbringen sie schon jetzt einen großen Teil ihrer Zeit damit, Informationen ÜBER die IT-Sicherheit zu beschaffen, zu bewerten und zu kommunizieren. Es wird Zeit, dass neben dem „Security-Management" (Absicherung) auch das „Assurance-Management" (Zusicherung) systematisiert und als eigene Disziplin verstanden wird. Anwenderorganisationen und alle Käufer in der Wertschöpfungskette benötigen Information ÜBER die IT-Sicherheit (Assurance Material; auch als Vertrauenswürdigkeitsnachweise bezeichnet), um Risiken einschätzen und entsprechende Entscheidungen treffen zu können.

Soll man daher zwei Abteilungen haben? Eine für das IT-Sicherheitsmanagement und eine für das Assurance-Management? Tab. 2 zeigt Themen bzw. Qualifikationen und ihre Bewertung für die IT-Sicherheit einerseits und das Assurance-Management andererseits. Die Kriterien wurden so gewählt, dass Unterschiede sichtbar werden. Oft ist die Differenz gar nicht so groß, weil eine der beiden Bewertungen „mittel" ist. Dies liegt wiederum daran, dass diese Einzelbewertung wiederum einen Mittelwert darstellt und die Ausschläge glättet. Insgesamt ist es aber wohl so,

dass für beide Fachgebiete (IT-Sicherheitsmanagement und Assurance-Management) Personal mit recht unterschiedlicher Qualifikation benötigt wird und sich die
Tätigkeiten in ihrem Charakter und ihrer Ausprägung sehr stark unterscheiden.
Eine organisatorische Trennung in Aufgabenbereiche oder mindestens eine Unterscheidung der Rollen scheint daher naheliegend und nützlich.

Tab. 2: Sind IT-Security und Assurance organisatorisch zu trennen?

Themen, Qualifikationen	IT Security Management	Assurance Management	Differenz (absolut)
erforderliche Führungsstärke	hoch	mittel	mittel
Entscheidungsbedarf	mittel	gering	groß
Kundenbezug	gering	hoch	groß
Technikbezug	hoch	mittel	mittel
Eingriff in die IT	hoch	mittel	mittel
Eingriff in die ITSM-Prozesse	mittel	gering	groß
Automatisierbarkeit	gering	mittel	groß
Wichtigkeit	hoch	hoch/mittel	gering

Abb. 18 zeigt einige Aufgabenbereiche bzw. Organisationen (vor allem auf Seiten
des IT-Dienstleisters), die direkt für die IT-Service-Security relevant sind. Man sollte
die rechte Seite nur sehr eingeschränkt als Hierarchie ansehen. Deshalb erinnert die
linke Seite daran, wer für wen arbeitet.

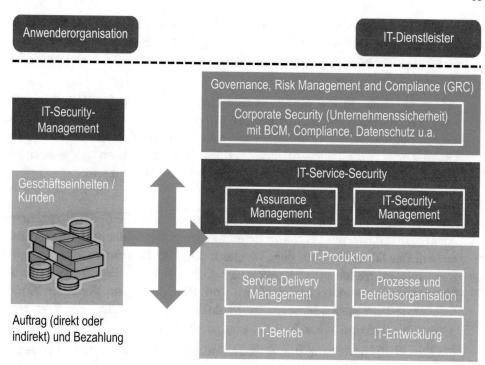

Abb. 18: Sicherheitsrelevante Aufgabenbereiche

Die Erfassung und Bewertung von Informationen über die IT-Sicherheit ist sehr eng mit der Frage der Übereinstimmung im Sinne der *Compliance* verbunden. Viele Organisationen unterhalten hierfür eigene Abteilungen. Das gleiche gilt Auditierungen, von denen uns die *Sicherheitsaudits* (security audit) am meisten interessieren. Auch werden, wie beim *Assurance Management*, Informationen ÜBER DIE IT-Sicherheit erfasst. Alle drei Bereiche ähneln sich dahingehend etwas. Während es beim *Assurance Management* jedoch um die Information der Anwenderorganisationen geht, legen die beiden anderen Bereiche den Schwerpunkt auf Soll-Ist-Vergleiche und die Feststellung möglicher Abweichungen. *Compliance* ist dabei das übergeordnete Thema und *Sicherheitsaudits* sind EINES der Mittel zur Feststellung der Übereinstimmung bzw. von Abweichungen (mehr dazu in Kapitel 2.2 in [2]). Die folgenden Definitionen sind dem zuletzt genannten Buch [2] entnommen.

Übereinstimmung, Compliance

Im geschäftlichen Umfeld hat sich der englische Begriff eingebürgert. Auf technischer Ebene sind auch die Begriffe Übereinstimmung und Konformität (conformity) gebräuchlich.

a) Im Unternehmenskontext versteht man unter Compliance die Einhaltung interner und externer Normen, Vorgaben und sonstiger Anforderungen zum Beispiel aus Verträgen. Compliance beinhaltet die Identifikation und Durchsetzung von Richtlinien, Gesetzen, vertraglichen Anforderungen usw. sowie die Kontrolle ihrer Einhaltung.

b) Für Organisationen oder für ihre Mitarbeiter bedeutet Compliance, dass sie in Übereinstimmung mit bestimmten, festgelegten Standards handeln. Dies wird für gewöhnlich durch die Definition von Prozessen und Verfahren erreicht, die in der Praxis angewandt werden.

c) Eine physische Entität erfüllt die Compliance- oder **Konformitäts**-Anforderungen (conformity), wenn ihre Eigenschaften mit den vordefinierten Merkmalen oder Eigenschaften übereinstimmen oder wenn sie über eine vordefinierte Qualität oder vordefinierte Attribute verfügt. Eigenschaft kann hierbei auch bedeuten, in einer vordefinierten Art und Weise konstruiert zu sein.

Sicherheitsaudit (security audit)

Ein Sicherheitsaudit ist eine stichprobenartige, unabhängige Überprüfung, Analyse und Bewertung von Aufzeichnungen, Berichten oder beobachteten Tatsachen. Der Fokus liegt auf dem Vergleich oder der *Übereinstimmung* (compliance) mit erwarteten oder zugesicherten Eigenschaften.[13] Es wird geprüft, ob Maßnahmen vorhanden und wirksam sind, Richtlinien und Verfahren eingehalten werden und Änderungen an Maßnahmen, Richtlinien oder Verfahren notwendig sind und, wenn ja, welche empfehlenswert sind.

Ein Sicherheitsaudit kann von organisationsinternen Organisationen (wie der Revisions- oder der Sicherheitsabteilung) durchgeführt werden oder durch Externe (Kunden, Prüfgesellschaften usw.).

Ein Audit wird in Form einer Begehung, Befragung und Auswertung von Sicherheitsaufzeichnungen (security record) durchgeführt und beinhaltet in der Regel Praxistests.

Anwenderorganisationen sind auch daran interessiert, ob der IT-Service bzw. der IT-Dienstleister mit bestimmten Vorgaben übereinstimmt („compliant" ist). Dies wird oft durch *Sicherheitsaudits* überprüft bzw. bestätigt. Die Anwenderorganisation unterliegt ja selbst bestimmten Regularien und muss Nachweise bezüglich der Übereinstimmung (*Compliance*) erbringen. Dabei wird er unterstützt durch *Assurance Material*, das er vom IT-Dienstleister erhält.

---

[13] Die betroffene Organisation kann sich grundsätzlich sogar gegen eine zu tiefe und zu umfangreiche Prüfung wehren. Bei einer Evaluierung hat sie dagegen eher nur Anspruch auf eine vergleichbare Bewertung (zum Beispiel im Vergleich zu Mitbewerbern oder Konkurrenzprodukten). Objektiv müssen natürlich beide Vorgehensweisen sein.

Literaturverzeichnis

Referenzen (Quellen)

[1] Eberhard von Faber: Zur Zukunft des IT-Sicherheitsmanagements angesichts des Wandels von Technik und Serviceerbringung (Ein Diskussionspapier); in: Datenschutz und Datensicherheit - DuD, 45(10), Oktober 2021, Springer Fachmedien, Wiesbaden 2021, ISSN 1614-0702, pp 691-697, https://doi.org/10.1007/s11623-021-1516-0 (SharedIt: https://rdcu.be/cyleD)

[2] Eberhard von Faber: IT und IT-Sicherheit in Begriffen und Zusammenhängen, Thematisch sortiertes Lexikon mit alphabetischem Register zum Nachschlagen; Springer Vieweg, Wiesbaden 2021, 289 Seiten, 64 farbige Abbildungen, ISBN 978-3-658-33430-7, https://doi.org/10.1007/978-3-658-33431-4

[3] Torsten Gründer: Erfolgreiches IT-Management – Strategisches Sourcing als Option; in: Torsten Gründer (Hrsg.): IT-Outsourcing in der Praxis: Strategien, Projektmanagement, Wirtschaftlichkeit, Erich Schmidt Verlag, Berlin, 2. Auflage, 2011

[4] Eberhard von Faber and Wolfgang Behnsen: Secure ICT Service Provisioning for Cloud, Mobile and Beyond (An Architectural Approach Balancing Between Buyers and Providers); Springer Vieweg, Wiesbaden 2013, pages 298, figures 74, ISBN 978-3-658-00068-4, https://doi.org/10.1007/978-3-658-00069-1

HINWEIS: Dies ist die erste Auflage aus dem Jahr 2012. Sie wird hier angeführt, weil das hier zitierte Kapitel 2 in der zweiten, stark veränderten und erweiterten Auflage von 2017 nicht enthalten ist.

[5] Trusted Computer System Evaluation Criteria; auch als Orange-Book bekannt; US-amerikanische Kriterien für die Bewertung und Zertifizierung der IT-Sicherheit vor allem von Produkten; durch [7] ersetzt

[6] Europäische Kriterien für die Bewertung und Zertifizierung der IT-Sicherheit; Version 1.2, 28. Juni 1991; zu beziehen über: https://www.bsi.bund.de/dok/6618456; inzwischen von [7] abgelöst

[7] Common Criteria for Information Technology Security Evaluation, Part 1: Introduction and general model; April 2017, Version 3.1 Revision 5;

frühere Version auch als: ISO/IEC 15408 – Information technology – Security techniques – Evaluation criteria for IT security – Part 1: Introduction and general model; 2009

[8] Eberhard von Faber and Michael Pauly: User Risk Management Strategies and Models – Adaption for Cloud Computing; in: Securing Electronic Business Processes, Proceedings of the Information Security Solutions Europe, ISSE 2010, Vieweg+Teubner, Wiesbaden, 2010, ISBN 978-3-8348-1438-8, p. 80-90, https://doi.org/10.1007/978-3-8348-9788-6_8

Weitere Literatur (Empfehlungen)

[9]   Handbuch für die Bewertung der Sicherheit von Systemen der Informations-
       technik (ITSEM); Version 1.0, 10. September 1991, 262 Seiten, ISBN 92-826-
       7087-2; zu beziehen über: https://www.bsi.bund.de/dok/6618456; inzwischen
       von [10] abgelöst;

       insbesondere die ersten Teile der ITSEM werden zur Lektüre empfohlen; die
       zu [7] gehörende Methodik [10] konzentriert sich dagegen sehr auf die An-
       wendung der Common Criteria während einer System- oder Produktevaluie-
       rung; [10] wird also nur aus Referenzzwecken angegeben

[10]   Common Methodology for Information Technology Security Evaluation,
       Evaluation methodology; November 2022, CEM:2022, Revision 1; zu beziehen
       über: https://www.commoncriteriaportal.org/cc/

ELEKTRONISCHES ZUSATZMATERIAL
Die Abbildungen sind als PowerPoint-Datei
über https://link.springer.com/ auf der Seite des eBooks abrufbar.

5   Taxonomie

Missverständnisse sind an der Tagesordnung. Es wird argumentiert, man versucht zu überzeugen, doch eigentlich reden die Teilnehmer über unterschiedliche Dinge. Man redet aneinander vorbei. Viel Zeit vergeht, bis dies überhaupt bemerkt wird. Und dann dauert es, bis die Beteiligten wenigstens thematisch beieinander sind. Manch einer mag diesen „Prozess" für unvermeidlich halten. Er ist es nicht! Und er ist teuer! Jede Fibel des Projektmanagements sagt: Man braucht ein Glossar (Vokabular, Terminologie). Die Luftfahrt weiß es noch besser (siehe Abb. 19): Man braucht ein Schaubild, Begriffe und Codes. Eine Taxonomie für die IT-Service-Security schafft Übersicht und Klarheit und ist das universelle Werkzeug für das Organisieren, Orchestrieren und Optimieren.

Das ATA-Referenz- und Nummerierungssystem systematisiert Hunderte Teilsysteme eines Flugzeugs. Es dient als Referenz für den Informationsaustausch in der Lieferkette bis zu den Fluggesellschaften beim Unterhalt.

Die Tabellen zeigen als Beispiel die Unterkapitel der Kategorie „Flugzeugsysteme".

Chapter	System	Chapter	System
ATA 21	Air conditioning system	ATA 30	Ice and rain protection
ATA 22	Automatic flight control system	ATA 31	Instruments
ATA 23	Communication	ATA 32	Landing gear
ATA 24	Electrical power	ATA 33	Lights
ATA 25	Equipment	ATA 34	Navigation
ATA 26	Fire protection	ATA 35	Oxygen
ATA 27	Flight controls	ATA 36	Pneumatic
ATA 28	Fuel system	ATA 38	Water / waste
ATA 29	Hydraulic power	ATA 49	Airborne auxiliary power

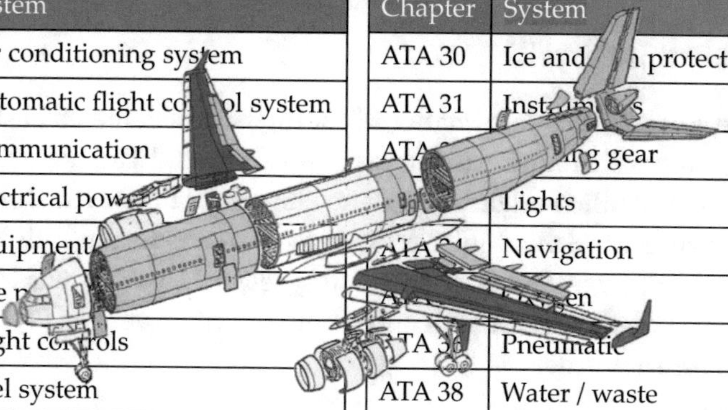

Abb. 19: ATA-System für die Herstellung, Zulassung und Wartung kommerzieller Flugzeuge (Quelle für die Abbildung des Flugzeugs und die Unterkapitel: [1])

Ergänzende Information Die elektronische Version dieses Kapitels enthält Zusatzmaterial, auf das über folgenden Link zugegriffen werden kann https://doi.org/10.1007/978-3-658-41933-2_5.

© Der/die Autor(en), exklusiv lizenziert an
Springer Fachmedien Wiesbaden GmbH, ein Teil von Springer Nature 2023
E. von Faber, *IT-Service-Security in Begriffen und Zusammenhängen,*

HINWEIS: Die nachfolgend beschriebene Taxonomie verbessert die ursprüngliche ESARIS Security Taxonomy [2] aus früheren Versionen der Sicherheitsarchitektur ESARIS (Enterprise Security Architecture for Reliable ICT Services). Eine erste Version der folgenden Abhandlung erschien in Englischer Sprache als "Opinion-Paper" des Autors auf der Internetseite der Industrievereinigung „Zero Outage Industry Standard" [3]. Die vorliegende Version wurde verbessert und weicht davon ab.

5.1   Einleitung

Es wird ein Ordnungs- und Organisationsschema (Taxonomie) vorgestellt, das das Informationssicherheitsmanagement dabei unterstützt, die Übersicht über technische Lösungen und prozessuale Aktivitäten zur Absicherung der IT zu gewinnen und darauf basierend, Verantwortlichkeiten und Aufgaben zuzuweisen und Tätigkeiten zu orchestrieren. Die Taxonomie orientiert sich an der technischen und betrieblichen Realität der Bereitstellung von IT-Services. Sie baut weitgehend auf Bekanntem auf und sieht davon ab, Trends und Modebegriffe zu verwenden, um die langlebige Nutzung als Ordnungs- und Organisationsschema zu ermöglichen. Natürlich können alle modernen Lösungen ebenso aufgefunden und zugeordnet werden wie etablierte Lösungen und gängige Praktiken. Die Taxonomie fördert Verständnis und schafft Übersicht.

5.2   Ziele und Grundprinzip

Eine primäre Aufgabe des Informationssicherheitsmanagements besteht sicher darin, Verantwortlichkeiten und Aufgaben zuzuweisen und Tätigkeiten zu orchestrieren. Dies wird wesentlich erleichtert, wenn statt monolithischen Dokumenten und Fachbegriffen grafische Schaubilder verwendet werden, die die Tätigkeitsfelder veranschaulichen und zueinander in Beziehung setzen. Deshalb wird im Folgenden eine Taxonomie vorgestellt, die gegenüber der Ursprungsversion [2] deutlich verändert und verbessert wurde.

Die Taxonomie soll

- eine kleinformatige Abbildung sein, die eine Übersicht über ALLE Themenbereiche bietet,

- Begrifflichkeiten sowie das Verständnis der Themenbereiche vereinheitlichen,

- die Arbeitsteilung unterstützen und die Zusammenarbeit der Interessengruppen leiten, um ein integriertes sicheres Ganzes schaffen zu können.

Es gibt einige Prinzipien, die die Struktur der Taxonomie bestimmen sollen. Sie werden im Folgenden erläutert, wobei zuerst die Situation dargestellt und dann das Prinzip beschrieben wird.

Werden die durch das Informationssicherheitsmanagement zu orchestrierenden Tätigkeitsfelder aufgegliedert, so werden oft Lösungen oder Produktgruppen der IT-

Sicherheit gewählt wie Firewall-Management, Verschlüsselung oder Zugriffskontrolle. Allerdings sind es nicht diese Lösungen bzw. Produktgruppen, die unsere primäre Aufmerksamkeit verdienen. Vielmehr geht es um die Absicherung der genutzten IT und der Daten, die dort gespeichert, verarbeitet und übertragen werden. Außerdem sind es in fast allen Fällen nicht die IT-Sicherheitsexperten, die diese Produkte einsetzen, installieren und pflegen, sondern IT-Architekten und IT-Administratoren. Daraus ergibt sich das erste Prinzip:

1.) Damit der Schutz der IT und der Daten in den Vordergrund rückt und sich auch das IT-Personal zurechtfinden kann, sollte ein Ordnungsschema (grafisches Schaubild, Taxonomie) primär von der IT ausgehen und deren Struktur verwenden.

Um Kosten zu sparen und die Qualität erhöhen zu können, sollten möglichst viele Aktivitäten gleichartig ablaufen und unabhängig von den zu schützenden IT-Systemen definiert werden. Die IT-Service-Management-Prozesse, wie sie in ISO/IEC 20000 [4] beschrieben sind, liefern ein gutes Vorbild für diese Vorgehensweise. Auch ist bei vielen Vorgängen wie dem Vorfall-Management zunächst gar nicht bekannt, um welche Art von IT-Komponenten es sich handelt. Auch die Überwachung (Monitoring) und die Softwareaktualisierung (Patching) sollten nach gleichartigen Verfahren laufen, da es um das Gesamtsystem bzw. den IT-Services geht, der zugesicherte IT-Sicherheitseigenschaften besitzen und behalten muss. Daraus ergibt sich das zweite Prinzip:

2.) Die im folgenden vorgestellte Taxonomie trennt Technologie und Praktiken und unterstützt damit die Umsetzung des Prinzips „Secured by Definition" [5].

Die Wahl der Technologiefelder sollte so erfolgen, dass aus ihnen möglichst alle relevanten IT-Services zusammengesetzt werden können. Dies ist sehr wichtig, weil der Fokus auf der IT-Service-Security liegen soll und nicht auf dem Schutz der Unternehmung. Dies bringt uns zu dem Punkt, dass IT-Services heutzutage oft eingekauft und von Dritten hergestellt werden. Wir haben es also mit zwei Parteien zu tun: der Anwenderorganisation bzw. einer Geschäftseinheit wie der Personalabteilung auf der einen Seite und einem IT-Dienstleister bzw. einer IT-Abteilung auf der anderen. Es ist eine Tatsache, dass beide Parteien ihren Beitrag zur IT-Sicherheit leisten müssen. Die Aktivitäten sind miteinander verbunden und müssen aufeinander abgestimmt werden im Sinne eines *Joint Security Management (JSM)*, das organisationsübergreifend zu definieren ist [6]. Daraus ergibt sich das dritte Prinzip:

3.) Die im Folgenden vorgestellte Taxonomie unterstützt die Zusammenarbeit im Sinne des *Joint Security Management (JSM)*, indem sie Tätigkeitsfelder entlang eines Lebenszyklus definiert und ordnet, für die in den meisten Fällen wiederum Aufgaben für die Anwenderorganisation und für den IT-Dienstleister definiert werden [6].

Basierend auf diesen Zielen und den ersten drei Prinzipien erhält die Taxonomie die in Abb. 20 veranschaulichte Form.

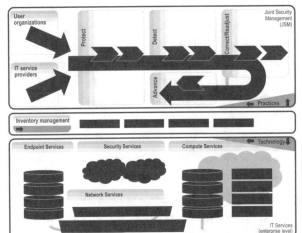

Praktiken (Prozesse, Aktivitäten)

- einheitlich anzuwenden für alle Technologiefelder
- basiert auf Lebenszyklus der IT-Services
- gemeinsam arbeitsteilig angewandt vom IT-Dienstleister und der Anwenderorganisation

Bestandsverwaltung

- Erfassen, Inventarisieren und Verwalten (Prozesse + Systeme)

Technologiebereiche (Komponenten)

- basiert auf einfacher IT-Architektur: Endgeräte und Server jeweils mit IT-Stacks verbunden über Netzwerke plus zusätzliche IT-Security-Services
- Verantwortlichkeit bestimmt durch Service Model des entsprechenden IT-Service

Abb. 20: Veranschaulichung der grundsätzlichen Struktur der Taxonomie

In Bezug auf den IT-Dienstleister konzentriert sich die Taxonomie nicht allein auf das Herstellen sicherer IT-Services, sondern auch darauf, sicherheitsbezogene Informationen zur Verfügung zu stellen. Für interne Zwecke des IT-Dienstleisters gilt dies als selbstverständlich, doch auch die Anwenderorganisationen benötigen detaillierte Informationen – nicht nur während der Beschaffung, sondern über den ganzen Lebenszyklus hinweg. Die Aufgabe ist so komplex, dass man von *Assurance Management* als eigenständiger Disziplin sprechen kann, die zum klassischen „IT-Sicherheitsmanagement" hinzutritt [7]. Dies ist das vierte Prinzip:

4.) Die *Assurance Management* genannte Disziplin der Bereitstellung und Nutzung von Informationen über die IT-Sicherheit wird in der Gestaltung der Taxonomie berücksichtigt.

5.3   Übersicht

Die Taxonomie besteht aus drei Gruppen:

1. Praktiken (obere Hälfte, siehe Abb. 21),
2. Technologien (untere Hälfte) und
3. Kombinationen von Praktiken und Technologien zum Erfassen, Inventarisieren und Verwalten („Inventory management" in Abb. 21).

Die Gruppen enthalten Cluster („Inventory management" ist ein eigenes) und jedes der elf Cluster enthält Themenbereiche. Es gibt insgesamt 41 Themenbereiche.

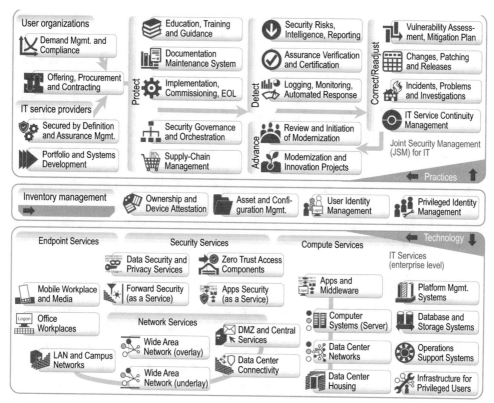

Abb. 21: Taxonomie IT-Service-Security (Enterprise-level)

Gruppe 1: Die Praktiken (obere Hälfte, siehe Abb. 21) sind in fünf Spalten angeordnet, wobei die fünfte Spalte unter der dritten liegt, um Platz zu sparen. Den Pfeilen folgend bilden die fünf Spalten einen Lebenszyklus der Geschäftsbeziehung zwischen der Anwenderorganisation und dem IT-Dienstleister und adressieren gleichzeitig Zyklen, die an den PDCA angelehnt sind. Die fünf Spalten sind „Initiate" (nicht beschriftet), „Protect", „Detect", „Correct/Readjust" und „Advance".

Nur ganz zu Anfang (Spalte/Phase 1: „Initiate") agieren beide Parteien noch weitgehend unabhängig voneinander. Im weiteren Verlauf gibt es kaum eine Aktivität, die nicht die Zusammenarbeit und Abstimmung beider Parteien sowie die Festlegung der konkreten Aufgaben mit Schnittstellen und Verantwortlichkeiten erfordern. Diese Logik und Struktur entstammt dem *Joint Security Management (JSM)* und ist dort detailliert beschrieben [6]. Es wurden 18 Themenbereiche mit Praktiken definiert.

Gruppe 2: Die vier Themenbereiche zum Thema Erfassen, Inventarisieren und Verwalten („Inventory management") findet man in der Mitte von Abb. 21. Im Kern handelt es sich um Praktiken, die jedoch nicht nur diverse spezifische IT-Systeme (Technologien) benötigen, sondern auch in engem Zusammenhang sowohl mit anderen Praktiken (obere Hälfte) als auch mit anderen Technologien (untere Hälfte) stehen. Das erklärt ihre Lage in der Mitte zwischen den Praktiken und den Technologien. Gleichzeitig wird ihre zentrale Bedeutung als Grundlage für das operative IT-Sicherheitsmanagement betont.

Gruppe 3: Die Anordnung der Technologiebereiche (untere Hälfte, siehe Abb. 21) basiert auf einer einfachen technischen IT-Architektur bzw. Einteilung der IT-Services in „Workplace" oder „Endpoint Services" (Endgeräte) auf der linken Seite, den „Compute" oder „Computing Services" (Anwendungen mit zugrundeliegender IT-Infrastruktur aus dem Rechenzentrum/der Cloud) auf der rechten Seite und den verbindenden „Network Services" (Netzwerkverbindungen) in der Mitte unten. Letztere berücksichtigen, dass Weitverkehrsverbindungen auch virtualisiert als SD-WAN angeboten werden. Hinzu kommen „Security Services" (Mitte oberhalb der Network Services) als viertes Cluster, da Sicherheitsdienste inzwischen mehr und mehr zentralisiert werden und „in die Cloud" wandern. Es gibt 19 Themenbereiche zu Technologien.

5.4   Anwendung

Die Taxonomie enthält insgesamt 41 Themenbereiche. Sie besteht aus zwei Hälften (Praktiken und Technologien) und ist darüber hinaus in Cluster eingeteilt: sechs in den Praktiken, vier bei den Technologien plus eines zwischen den beiden Hälften.

Jeder spezifische IT-Service baut auf anderen Technologien auf bzw. nutzt diese. Deshalb sind je nach IT-Service andere Technologiebereiche relevant oder nicht. Zum Beispiel ist nicht immer ein Endgerät Bestandteil des IT-Service, den der IT-Dienstleister anbietet. Wird ein solches zusätzlich benötigt, was meistens der Fall ist, so trägt die Anwenderorganisation die Verantwortung für die Beschaffung und Nutzung. D.h., ein Technologiebereich kann für den IT-Dienstleister oder für die Anwenderorganisation relevant sein. Die Verantwortung für die Applikation ist ein weiteres häufiges Beispiel. Sie wird häufig von der Anwenderorganisation gestellt (eventuell mit Hilfe eines weiteren IT-Dienstleisters); nur bei Software-as-a-Service trägt der Cloud-Service-Provider die Verantwortung auch für die Applikation.

Auch bei den Praktiken ergibt sich die Verantwortlichkeit aus dem vertraglich vereinbarten bzw. angebotenen IT-Service. In der Regel verwaltet („managed") der IT-Dienstleister auch die Technologiebereiche, für die er verantwortlich ist, die für ihn also relevant sind. Es gibt aber auch „unmanaged" Services, für die dies nicht oder nur eingeschränkt gilt. Mehr noch, der IT-Dienstleister kann bestimmte „Management"-Dienste für Technologiebereiche übernehmen, ohne für den Technologiebereich selbst verantwortlich zu sein, weil die Anwenderorganisation (eventuell mit Hilfe eines weiteren IT-Dienstleisters) die entsprechenden IT-Systeme und Komponenten auswählt und installiert.

Die Betrachtung jedes einzelnen Themenbereichs hilft also dabei, die genaue Verteilung von Verantwortung und Aufgaben zu ermitteln und festzustellen, welche Anteile die Anwenderorganisation und welche der IT-Dienstleister übernimmt.

Entsprechend dieser Arbeitsteilung wird die interne und externe Lieferkette organisiert. Fällt ein Themenbereich der Taxonomie in den Zuständigkeitsbereich des IT-Dienstleisters, so muss er die dem Themenbereich zugeordneten Standards/Dokumente anwenden. Das gerade beschriebene Auswahlverfahren heißt *Provider Scope of Control* [2].

Für einen „unmanaged Service" entfallen zum Beispiel einige der Praktiken, die die Aufrechterhaltung und Pflege der IT-Sicherheit beschreiben bzw. gelten nur eingeschränkt, weil sie nicht Gegenstand der vertraglich zugesicherten Leistung sind. Und offensichtlich sind bestimmte Technologiebereiche nur dann relevant, wenn die entsprechende Technologie bei dem in Rede stehenden IT-Service auch verbaut ist. Ist ein Themenbereich relevant, so sind die ihm zugeordneten Standards/Dokumente anzuwenden. Gleichzeitig wird Klarheit für abzuschließende Verträge geschaffen.

Die hauptsächlichen Anwendungen der Taxonomie sind:

- Übersicht gewinnen sowie Kommunikation und Verständigung unterstützen,

- Dokumentationen (Dokumente/Standards) ordnen und leichter auffinden,

- Aufgaben identifizieren und Verantwortlichkeiten zuordnen,

- Arbeitsteilung bei der Bereitstellung von IT-Services verstehen sowie Lieferketten intern und mit Zulieferern und Kunden steuern,

- Zusammenarbeit zwischen IT-Dienstleister und Anwenderorganisation organisieren im Sinne eines *Joint Security Management (JSM)*,

- Zusammenstellung der für einen bestimmten IT-Service relevanten (d.h. anzuwendenden) Dokumente/Standards als Grundlage für die Implementierung, den Betrieb und für vertragliche Übereinkünfte in der Lieferkette.

- Tätigkeiten orchestrieren.

Auf diese Weise wird die Taxonomie zu einem praktisch nutzbaren Werkzeug für das Informationssicherheitsmanagement bzw. genauer das Management der IT-Service-Security.

5.5   Details

Die folgenden Kapitel beschreiben jeden Themenbereich in Form eines Kurzprofils. Die einzelnen Sicherheitsaspekte und Sicherheitsmaßnahmen werden nicht beschrieben. Dies ist den zuzuordnenden Dokumenten/Standards der jeweiligen Organisation vorbehalten. Um ein gemeinsames Verständnis zu erreichen und Abstimmungen zu erleichtern, wird lediglich kurz skizziert, welche Prozesse, Aufgaben, Produkte, Lösungen usw. ein jeder Bereich erfasst.

HINWEIS: In den Beschreibungen wird eine einfache Struktur mit Anwenderorganisation und IT-Dienstleister verwendet. Natürlich hat der IT-Dienstleister Zulieferer, und die Anwenderorganisation nutzt eventuell IT-Services von mehr als einem IT-Dienstleister. Dies wird hier nicht weiter ausgeführt. Struktur und Beschreibungen sind entsprechend anzupassen und anzuwenden, um diese Fälle abzubilden.

5.5.1   Praktiken

Die *Taxonomy* kann gleichermaßen vom IT-Dienstleister und von Anwenderorganisationen verwendet werden. Probleme und Lösungen für die IT-Service-Security betreffen beide Parteien, und beide Parteien müssen dazu entlang des gesamten Lebenszyklus der Geschäftsbeziehung beitragen. Das ist das Prinzip des *Joint Security Management* (JSM):

Joint Security Management (JSM)

Das Joint Security Management (JSM) ist ein organisationsübergreifendes Sicherheitsmanagementsystem, das Anwenderorganisationen und IT-Dienstleister zusammenbringt und bei dem die Interaktion zwischen rechtlich verschiedenen Organisationen von vornherein im Mittelpunkt steht [6].

Das Joint Security Management soll der Tatsache Rechnung tragen, dass die heutige IT-Industrie sehr arbeitsteilig organisiert ist und dass mehrere Firmen und Institutionen ihren Beitrag leisten müssen, damit IT-Services adäquat abgesichert sind und Sicherheitsvorfälle adäquat behandelt werden. Das Joint Security Management baut das Sicherheitsmanagement entlang der industriellen, marktwirtschaftlichen Prozesse und der für moderne IT charakteristischen Wertschöpfungsketten auf [6].

Bei der folgenden Darstellung und Gliederung der Praktiken sollte also berücksichtigt werden, dass alle involvierten Parteien einschließlich der Anwenderorganisation ihren Beitrag zur IT-Service-Security leisten müssen und dafür Standards für die IT-Service-Security entwickelt müssen, die Themen und Aspekte behandeln, die die *Taxonomy* enthält.

Die Praktiken (obere Hälfte der Taxonomie, siehe Abb. 21) sind in fünf Phasen organisiert, die dem Lebenszyklus der Geschäftsbeziehung zwischen der Anwenderorganisation und dem IT-Dienstleister folgen und gleichzeitig Zyklen ähnlich einem PDCA adressieren. Die fünf Phasen (und damit Cluster der Taxonomie) sind: „Initiate" (nicht beschriftet), „Protect", „Detect", „Correct/Readjust" und „Advance".

Der Idee und Logik des *Joint Security Management (JSM)* folgend [6], ist es in fast allen Themenbereichen notwendig, dass beide Parteien zusammenarbeiten und sich abstimmen sowie die konkreten Aufgaben mit Schnittstellen und Verantwortlichkeiten festlegen. – Es wurden 18 Themenbereiche mit Praktiken definiert, die in Tab. 3 skizziert sind.

Tab. 3: Kurzprofile der Themenbereiche „Praktiken"

Cluster: Initiate	Relevant für die Anwenderorganisation
Demand Mgmt. and Compliance » DMC «	In der Phase der Geschäftsanbahnung geht es für die Anwenderorganisation vor allem darum, die eigenen Anforderungen zu kennen und zu dokumentieren. Der Sicherheitsbedarf und die generellen Sicherheitsanforderungen werden identifiziert, indem gesetzliche Regelungen, branchenspezifische Bestimmungen und firmeninterne Vorgabe analysiert werden. Die Beschaffung wird vorbereitet, indem mögliche Anbieter und ihre Angebote untersucht (Marktsondierung) und Pläne für die Organisation der Beschaffung entwickelt werden.
Cluster: Initiate	Relevant für den IT-Dienstleister
Secured by Definition and Assurance Mgmt. » SDA «	Bevor der Kunde in das Blickfeld des IT-Dienstleisters kommt, muss der IT-Dienstleister sein Sicherheitsmanagement auf das Kerngeschäft seiner industrialisierten IT-Produktion ausrichten (Prinzip „Secured by Definition"). Die eigentliche und zentrale Aufgabe im Kontext des *Joint Security Managements (JSM)* besteht jedoch darin, das Sicherheitsmanagement auf die IT-Services und die Kunden auszurichten. Dazu entwickelt er Service- und Security-Spezifikationen für Kunden und richtet Marketing, Vertrieb und Vertragsmanagement darauf aus, den Informationsbedarf der Kunden zum Thema IT-Sicherheit decken zu können (*„Assurance Management"*).
Portfolio and Systems Development » PSD «	Die angebotenen IT-Services (Offerings) und ihre Beschreibungen bilden einen Warenkorb (Portfolio). Dieses Leistungsverzeichnis (Servicekatalog) wird den Anwenderorganisationen zur Verfügung gestellt. Der Systems Development Lifecycle ist ein Prozess zur Entwicklung nachweislich zuverlässiger und sicherer IT-Services und IT-Systeme. Er umfasst Aktivitäten, die mit dem Ziel durchgeführt werden, dass die IT-Systeme und IT-Services den Anforderungen entsprechen, indem sie die geforderte Funktionalität korrekt bereitstellen und nicht mehr. Das bedeutet, dass die Anforderungen korrekt umgesetzt werden, ohne dass Schwachstellen entstehen.

Cluster: Initiate	Relevant für die Anwenderorganisation und den IT-Dienstleister
Offering, Procurement and Contracting » OPC «	Eine Beschaffungsentscheidung (procurement decision) basiert auf einem umfangreichen Vergleich zwischen eigenen Anforderungen und den Sicherheitsmaßnahmen, die der Anbieter implementiert. In einem komplexeren Geschäft (deal) bzw. Vertrag ist dies nur mit einem systematischen Ansatz praktikabel umsetzbar, denn komplexere Kundenlösungen werden aus diversen, im Servicekatalog beschriebenen Bausteinen zusammengestellt. Beide Seiten müssen zudem bestimmte Schnittstellen definieren und Rollen besetzen, um auch in der Betriebsphase im Sinne des *Joint Security Managements (JSM)* zusammenzuarbeiten.
Cluster: Protect (5 Bereiche)	Relevant für den IT-Dienstleister und auch die Anwenderorganisation
Education, Training and Guidance » ETG «	Wissen und Fähigkeiten sind die Voraussetzung dafür, Verbesserungen erzielen und neuen Herausforderungen begegnen zu können. Eine angemessene Anleitung (guidance) sowie Aus- und Fortbildung und dergleichen (education, training) setzen die Menschen aber auch in die Lage, die zur Verfügung gestellten Mittel angemessen zu nutzen, Richtlinien, Regeln und Verfahren zu befolgen und die Konsequenzen bei Abweichungen und Verstößen zu verstehen.
Documentation Maintenance System » DMS «	Das Documentation Maintenance System definiert Prozesse, Verfahren und Rollen für die Entwicklung, Änderung, Freigabe und Verteilung der Dokumentation zur IT-Service-Security. Dabei handelt es sich um eine Daueraufgabe. Eine Redaktion orchestriert die Pflege der Dokumente, organisiert die notwendigen Qualitätsprüfungen und Freigaben und sorgt damit für Aktualität, Korrektheit und Konsistenz. Alle Dokumente sind über eine zentrale Bibliothek erreichbar.
Implementation, Commissioning, EOL » ICE «	Die Planung, Kommunikation, Umsetzung, Überprüfung (Test) und die Überführung in den Betrieb (commissioning) erfolgt in der Weise, dass alle relevanten technischen und nicht-technischen Sicherheitsaspekte berücksichtigt werden einschließlich Härtung (hardening). Vor der Inbetriebnahme wird der Betrieb einschließlich aller Aktivitäten für die Pflege und kontinuierliche Weiterentwicklung vorbereitet, und es werden

	Vorkehrungen für eine sichere Außerbetriebnahme (End-of-Life (EOL), Decommissioning) getroffen.
Security Govern-ance and Orches-tration » SGO «	Governance wird durch ein System zur effektiven Führung und Kontrolle erreicht, das Richtlinien und Methoden für die Kontrolle (im Sinne von Steuerung und Prüfung) sowie eine Unternehmensorganisation und passende Unternehmenspro-zesse (ISMS) umfasst. Zu den wesentlichen Aufgaben gehört auch die Abstimmung der verschiedensten Tätigkeiten und Verantwortlichkeiten untereinander (Orchestrierung).
Supply-Chain Man-agement » SCM «	Der IT-Dienstleister integriert Komponenten, Systeme und Services, die er von Zulieferern bezieht. Die Sicherheitseigen-schaften und andere Merkmale dieser Komponenten, Systeme und Services sowie die Möglichkeit von Korrekturen und der Prozess, um diese zu erreichen, müssen analysiert und vertrag-lich vereinbart werden. Doch bereits die Auswahl der Zuliefe-rer hat Einfluss auf die IT-Sicherheit.
Cluster: Detect (3 Bereiche)	Relevant für den IT-Dienstleister und auch die Anwenderorganisation
Security Risks, Intelligence, Reporting » RIR «	Die IT-Sicherheit und die Einhaltung der Vorschriften (Com-pliance) können durch verschiedene Umstände beeinträchtigt werden. Das Sicherheitsrisikomanagement umfasst die Identi-fizierung von Risiken, die Analyse und Kategorisierung von Risiken sowie die Festlegung von Maßnahmen zur Risikobe-handlung, zu denen auch die Reduzierung von Risiken auf ein akzeptables Niveau gehört. Intelligence umfasst das Sammeln, die Analyse und die Infor-mationsverwertung zur Schaffung eines Lagebilds zum Bei-spiel zu aktuellen Bedrohungen und Sicherheitsproblemen oder der Identifikation von Phänomenen, die besondere Auf-merksamkeit erfordern. Der Begriff wird hier im Sinne der Aufklärung und Ermittlung verwendet. Zum Security Reporting gehört die Bereitstellung und Bewer-tung von Informationen für Anwender und Betreiber (*betrieb-liche Nachweise (Operational evidence)*).

Assurance Verification and Certification » AVC «	Überprüfungen und Bewertungen führen zu einem höheren Maß an Gewissheit (assurance), dass keine nicht-akzeptierten Risiken bestehen und vertragliche Zusicherungen eingehalten werden. Um Vollständigkeit bemühte Überprüfungen führen oftmals zu Bestätigungen in Form von Zertifikaten (certification). Es gibt aber eine Vielzahl stichprobenartiger, meist weniger formalisierter Überprüfungen wie Konstruktionsprüfungen (design reviews), Audits und Penetrationstests.
Logging, Monitoring, Automated Response » LMR «	Zu Logging und Monitoring gehören alle Aktivitäten und Werkzeuge für die zentrale Protokollverwaltung und -analyse (SIM), die Überwachung (SEM) im laufenden Betrieb und die automatisierte Überprüfung von Systemen und Komponenten einschließlich Applikationen (mit Hilfe von Scannern), um Schwachstellen und Abweichungen von Vorgaben (Compliance-Verstöße) aufzufinden. Das Security Information Management (SIM) umfasst die Erfassung, zentrale Speicherung, Filterung, Normalisierung, Korrelation und Analyse der Logdaten. Das Security Event Management (SEM) umfasst die Verarbeitung von Logdaten und Ereignisdaten aus vielfältigen Quellen in nahezu Echtzeit und die Korrelation und Analyse von Ereignissen. Ein Security Operations Center (SOC) nutzt all diese Funktionen (SIM+SEM=SIEM und durch Scanner erkannte Probleme), um Angriffe auf die IT zu erkennen und Gegenmaßnahmen zu initiieren. Automated Response umfasst Funktionen für die automatisierte Reaktion auf Sicherheitsprobleme wie zum Beispiel die Beseitigung bekannter Probleme, die Durchführung von Routineaufgaben oder die gezielte Information des Betriebspersonals.

Cluster: Correct/Readjust (4 Bereiche)	Relevant für den IT-Dienstleister und auch die Anwenderorganisation
Vulnerability Assessment and Mitigation Planning ⌐⌐ » VAM «	Dieser Prozess stellt sicher, dass Schwachstellen (vulnerabilities) systematisch identifiziert und verfolgt werden, sie insbesondere im Hinblick auf ihre möglichen Auswirkungen bewertet werden und Abhilfemaßnahmen geplant werden. Die Planung von Abhilfemaßnahmen leitet die Behebung/Beseitigung von Schwachstellen ein (mitigation). Die Behebung/Beseitigung erfolgt mit Hilfe anderer betrieblicher Prozesse (Incident-, Change- und Problem-Management). Zum Prozess gehören CERT-Info-Dienste bzw. deren Nutzung sowie die Verarbeitung von Informationen aus dem Cluster „Detect" (Befunde der Überprüfungen gemäß » AVC «, aus dem Logging und Monitoring gemäß » LMR « sowie bestimmte Ergebnisse aus » RIR «).
Changes, Patching and Releases ▦ » CPR «	**Changes** sind Änderungen an IT-Komponenten, die hauptsächlich aufgrund von Aufträgen, Anfragen, Vorfällen oder Problemen angefordert werden. Change Management ist der Lebenszyklusprozess von der Anfrage und Analyse bis hin zur Implementierung und abschließenden Überprüfung. Zu den Änderungen (Changes) gehört auch das Patching. Ein **Release** umfasst alle Systeme und Komponenten, die in Folge diverser, zusammengefasster Changes implementiert werden bzw. wurden. Releases werden oft mit einer Versionsbezeichnung verbunden.
Incidents, Problems and Investigations 🏚️ » IPI «	Das **Incident-** oder **Vorfallmanagement** umfasst alle Verfahren und Mittel, die eingesetzt werden, um sicherheitsrelevante Umstände zu behandeln und auf sie zu reagieren, die erhebliche Auswirkungen haben oder haben können und eine rechtzeitige Lösung durch die Implementierung provisorischer Lösungen (work around) oder die Beseitigung der Grundursache (root cause) erfordern. Die Suche nach der Grundursache (root cause) verzweigt in das Problem Management. **Probleme** sind die Ursache für Ausfälle oder Zwischenfälle bei der Erbringung von IT-Dienstleistungen. Das **Problem Management** ist der Lebenszyklusprozess vom Auftreten, der Benachrichtigung, der Analyse und der Identifizierung der Ursachen bis zur Planung von Abhilfemaßnahmen und

	Änderungen. Meist werden Ausfälle oder Zwischenfälle zunächst provisorisch behandelt (work around), sodass erst die Beseitigung des eigentlichen Problems zu einer Verbesserung führt. Aber auch Kundenwünsche usw. können der Anlass für Verbesserungen sein.
	Investigations sind Ermittlungen. Dazu zählt auch die Forensik, die zurückliegende (sicherheitsrelevante) Vorgänge mit dem Ziel rekonstruiert, Verursacher bzw. Ursachen zu finden.
IT Service Continuity Management » ISC «	IT Service Continuity Management trifft Vorkehrungen, um die Auswirkungen möglicher Unterbrechungen bei der Bereitstellung von IT-Services oder von Datenverlusten zu minimieren, was eine rechtzeitige und vollständige Wiederherstellung von Diensten und Daten einschließt.
Cluster: Advance (2 Bereiche)	**Relevant für den IT-Dienstleister und die Anwenderorganisation**
Review and Initiation of Modernization » RIM «	Es gibt sehr viele und sehr verschiedene Anlässe, warum eine erneute Verständigung zwischen Anwenderorganisation und IT-Dienstleister auch in der Betriebsphase notwendig wird. Beide Seiten vergleichen kontinuierlich das Erreichte mit den aktuellen Erwartungen (review) und entwickeln Vorschläge für Verbesserungen. Oft sind aber auch der technische Fortschritt oder Änderungen in den geschäftlichen Rahmenbedingungen Anlass, Verbesserungen zu initiieren. Im weitesten Sinne geht es hier um das Beziehungs- und Vertragsmanagement als einem Bestandteil des Geschäfts, das auf solche Situationen vorbereitet seine muss und dieses zu meistern hat.
Modernization and Innovation Projects » MIP «	Eines der wichtigsten Ziele bei der Verbesserung von IT-Services bzw. deren Sicherheit besteht darin, die Effektivität und die Effizienz zu erhöhen. Oft ist es so, dass die entsprechenden Entwicklungs- und Realisierungsprojekte über den bestehenden Vertrag hinausgehen und zusätzlich durchgeführt werden oder zu Änderungen des bestehenden Vertrags führen. Während Verbesserungen in Richtung Effizienz in der Regel vom IT-Dienstleister initiiert werden, um wettbewerbsfähig zu bleiben, werden Projekte zur Erhöhung der Effektivität oft auch von der Anwenderorganisation angestoßen. Hier geht es um die Durchführung der Projekte, die gemäß » RIM « angestoßen wurden.

ANMERKUNG zum Themenbereich „Secured by Definition and Assurance Management (SDA)": Das Prinzip „Secured by Definition" ist anderswo detailliert beschrieben worden [5]. Das *Joint Security Management (JSM)* ebenfalls [6]. Erklärungen zum „Assurance Management" findet man in Kapitel 4.

5.5.2 Bestandsverwaltung

Die vier Bereiche zum Thema Erfassen, Inventarisieren und Verwalten (Cluster „Inventory management") in der Mitte der Taxonomie bilden die Grundlage für viele der Praktiken in der oberen Hälfte der Taxonomie. Sie stehen aber auch in engem Zusammenhang mit Technologien in der unteren Hälfte der Taxonomie. Die vier Themenbereiche sind in Tab. 4 skizziert.

Tab. 4: Kurzprofile der Themenbereiche „Bestandserfassung und -pflege"

Cluster: Inventory management (4 Bereiche)	Relevant für den IT-Dienstleister und auch die Anwenderorganisation
Ownership and Device Attestation » ODA «	Gerade im Umfeld Internet der Dinge (IoT) und Betriebstechnologie (OT), aber auch in der Office IT kommen viele, oft verschiedene Geräte (devices) aber auch Systeme, Komponenten usw. zum Einsatz. Sie erhalten Verbindungen und Zugriffe auf andere Systeme und Komponenten. Deshalb muss sichergestellt werden, dass die Verwendung nur nach einer anfänglichen Überprüfung bestimmter Parameter erfolgt (device attestation), die meist regelmäßig wiederholt wird. Das setzt voraus, dass Besitz und Verantwortlichkeiten (ownership) geklärt sind.
Asset and Configuration Management » ACM «	Asset Management ist der Prozess, der für die Verfolgung und Berichterstattung über den Wert und die Eigentumsverhältnisse von IT-Systemen und -Komponenten während ihres gesamten Lebenszyklus verantwortlich ist. Konfigurationsmanagement ist der Prozess, der für die Pflege von Informationen über alle Komponenten verantwortlich ist, die für die Bereitstellung eines IT-Service erforderlich sind, einschließlich ihrer Beziehungen.

User Identity Management » UIM «	Hierzu gehören alle Verfahren und Vorschriften, Systeme und Dienste, die zur Erstellung und Verwaltung digitaler Identitäten einschließlich der Rechte und anderer Attribute für Nutzer verwendet werden. Die digitalen Identitäten einer Person werden als „personalisierte Identitätsobjekte" beschrieben, die anderen Identitätsobjekten wie Standort, Organisation, Rechtsperson usw. zugeordnet sind. Diese Identitäten werden über ihren gesamten Lebenszyklus verwaltet. Die digitalen Identitäten und ihre Verwaltung sind die Basis für das Access Management (Einräumung von Rechten im Betrieb).
Privileged Identity Management » PIM «	Hierzu gehören alle Verfahren und Vorschriften, IT-Systeme und -Dienste, die zur Erstellung und Verwaltung digitaler Identitäten einschließlich der Rechte und anderer Attribute für das Betriebspersonal (Administratoren; privilegierte Nutzer) und automatisierter Prozesse verwendet werden. Die digitalen Identitäten werden als „personalisierte Identitätsobjekte" beschrieben, die anderen Identitätsobjekten wie Standort, Organisation, Rechtsperson usw. zugeordnet sind. Diese Identitäten werden über ihren gesamten Lebenszyklus verwaltet. Die digitalen Identitäten und ihre Verwaltung sind die Basis für das Access Management (Einräumung von Rechten im Betrieb).

5.5.3 Technologien

Die Anordnung der Technologiebereiche (untere Hälfte der Taxonomie, siehe Abb. 21) basiert auf einer einfachen technischen IT-Architektur, den „Clients" links und den „Servern" rechts und den verbindenden Netzwerken in der Mitte. Hinzu kommen Security Services (Mitte oberhalb der Network Services) als viertes Cluster. – Es gibt 19 Themenbereiche zu Technologien, die in Tab. 5 skizziert sind.

Man beachte, dass die Cluster hauptsächlich zur Unterstützung der Orientierung dienen. Die Netzwerke im Rechenzentrum werden als Teil des IT-Stacks betrachtet. Die äußere Netzwerkschnittstelle des Rechenzentrums wird jedoch im Cluster "Netzwerkdienste" beschrieben. Die Definition und Anordnung der Bereiche soll es ermöglichen, möglichst viele konkrete Installationen zu erfassen.

Tab. 5: Kurzprofile der Themenbereiche „Technologien"

Cluster: Endpoint Services (3 Bereiche)	Relevant für den IT-Dienstleister und/oder die Anwenderorganisation
Mobile Workplaces » MWP «	Computergeräte und zugehörige Software mit Bedieneinheit für eine Person, das für den mobilen Einsatz konzipiert ist und die Verbindung meist auch mit öffentlichen Funknetzen ermöglicht. Dazu gehören Notebooks und verschiedene Arten von Smartphones. Die Arbeitsplatzsoftware kann auch virtualisiert bereitgestellt und als „Anwendung" im Rechenzentrum gehostet werden. Im Fokus steht der Schutz der auf dem Gerät gespeicherten und verarbeiteten Daten.
Office Workplaces Logon » OWP «	Computergeräte und zugehörige Software mit Bedieneinheit für eine Person, das für den stationären Einsatz konzipiert ist und meist eine Verbindung mit einem lokalen Fest- oder Funknetz nutzt. Dazu gehören Desktop-Computer in verschiedenen Bauformen. Die Arbeitsplatzsoftware kann auch virtualisiert bereitgestellt und als „Anwendung" im Rechenzentrum gehostet werden. Im Fokus steht der Schutz der auf dem Gerät gespeicherten und verarbeiteten Daten.
LAN and Campus Networks » LCN «	Alle Geräte zwischen den Computergeräten der Anwender (Nutzer) im stationären Einsatz (siehe » MWP « und » OWP «) und einem Weitverkehrsnetz (» WAN «), d. h. in der zentralen Kommunikationsperipherie der Nutzer. Dazu gehören Site-to-Site-Gateways, Firewalls, Intrusion Detection/Prevention-Lösungen (IDS/IPS), Domain-Dienste sowie die Komponenten lokaler Netzwerke.
Cluster: Network Services (4 Bereiche)	Relevant für den IT-Dienstleister und/oder die Anwenderorganisation
Wide Area Network (underlay) » WAN «	Physisch-logisches Netzwerk, das geografisch größere Distanzen überwindet mit allen Komponenten zur Übertragung von Daten zwischen Nutzern sowie zwischen Nutzern und IT-Systemen in Rechenzentren. Zu den Weitverkehrsnetzen zählen das Internet, aber auch Standleitungen und andere Transportnetze wie MPLS und Mobilfunk.

Wide Area Network (overlay) » SDW «	Hierzu zählen alle Komponenten einer zusätzlichen Steuerungsebene (overlay: control layer, data plane), die über einem System von physisch-logischen Weitverkehrsnetzen (siehe » WAN «) bzw. darauf aufbauender Weitverkehrsnetzwerkdienstleistungen (underlay: data layer, data plane) liegt und auf deren Basis kombinierte Weitverkehrsdienstleistungen bereitgestellt werden. Diese Netzwerkarchitektur (SD-WAN) realisiert Netzwerk-Virtualisierung für Weitverkehrsdienstleistungen im großen Maßstab.
Data Center Connectivity » DCC «	Dieser Technologiekomplex bildet die äußere logische Netzwerkschnittstelle des Rechenzentrums für Anwender und enthält Komponenten, die die internen Netzwerke im Rechenzentrum mit den Weitverkehrsnetzen verbinden. Der Bereich spielt eine wichtige Rolle dabei, die Anwender mit den IT-Systemen im Rechenzentrum und damit mit ihren Anwendungen (Applikationen) zu verbinden. Der Bereich umfasst zum Beispiel VPN-Gateways, MPLS-Gateways, Load-Balancer, Router, IDS/IPS-Lösungen und DDoS-Schutz.
DMZ and Central Services » DCS «	Dieser Technologiebereich enthält Komponenten, die zentral bereitgestellt werden, um die Kommunikation der Anwender über die äußere logische Netzwerkschnittstelle des Rechenzentrums (» DCC «) zu unterstützen bzw. zu ermöglichen. Zu den enthaltenen Komponenten gehören Verzeichnisdienste, LDAP, Active Directory, andere Authentifizierungsserver, Web-SSO und Identitätsverbunddienste, Gateways auf Anwendungsebene einschließlich Proxys und Reverse Proxys sowie Web Application Firewalls (WAF).
Cluster: Compute Services (8 Bereiche)	Relevant für den IT-Dienstleister und/oder die Anwenderorganisation
Data Center Housing » DCH «	Das Gebäude des Rechenzentrums einschließlich des Grundstücks, soweit darauf befindliche Einrichtungen wie Zäune, Überwachungsanlagen usw. der Absicherung des Rechenzentrums dienen. Der Bereich umfasst alle physischen und umgebungsbezogenen Sicherheitsaspekte des Rechenzentrums und seiner Einrichtung. Er umfasst keine Netzwerk- und Rechentechnik (IT) mit Ausnahme von Einrichtungen zur Zutrittskontrolle und Überwachung, also solchen, die dem physischen Schutz dienen.

Data Center Networks » DCN «	Alle Netzwerke und Netzwerkausrüstungen innerhalb des Rechenzentrums, die Nutzerdaten transportieren und die Computersysteme untereinander, mit der äußeren logische Netzwerkschnittstelle des Rechenzentrums (» DCC «) und zentralen Speichern (Storage) verbinden. Das gesamte Netzwerk und die gesamte Netzwerkausrüstung befindet sich „innerhalb der Firewall". Die Konnektivität zwischen den Rechenzentren ist ebenfalls enthalten, insofern es sich um spezielle, für diesen Zweck genutzte Netzwerke handelt. Nicht enthalten sind Einrichtungen zur Verbindung von Betriebspersonal (Administratoren; privilegierten Nutzern) mit Computersystemen, dem Speicher und Systemen zur Unterstützung des Betriebes und der Pflege der Netze, Computersysteme und Speicher (Storage). Dazu siehe unter *Infrastructure for Privileged Users (IPU)*.
Computer Systems (Server) » CSS «	Dieser Technologiebereich umfasst alle Teile des IT-Stacks mit Ausnahme von Anwendungen (Applikationen: Software zum Beispiel zur Geschäftsprozessautomation), zentralem Speicher (Storage) und Middleware (Laufzeitumgebungen und Datenbankmanagementsystemen). Der Bereich umfasst also die physischen Computer, Betriebssysteme, Systemvirtualisierungssoftware wie Hypervisoren für Cloud-Computing sowie lokale Software zur Hardwareabstraktion und die Vernetzung für verteilte Container-Lösungen. Der Bereich entspricht im Wesentlichen einem „host system", auf dem „guest machines", „virtual machines", „workloads" oder „container" (siehe » APP «) ausgeführt werden.
Apps and Middleware » APP «	Dieser Technologiekomplex enthält alle Software, die die primären IT-Services für die Anwender erbringt (Applikationsebene). Der Komplex entspricht im Wesentlichen einer „guest machine", einer „virtual machine", einer „workload" oder einem „container", enthält aber kein Betriebssystem, da dieses außer in bestimmten dedizierten Systemen als Image zentral bereitgestellt wird. Der Komplex umfasst keine Plattformen und Infrastrukturdienste. Hierzu siehe *Computer Systems (Server) (CSS)*. Middleware wie Laufzeitumgebungen (zum Beispiel .NET) ist ebenfalls eingeschlossen. Ausnahmen bilden solche für Container (siehe » CSS «) und Datenbankmanagementsysteme (siehe » DSS «).

Platform Mgmt. Systems » PMS «	Hierzu zählen alle zentralen Komponenten wie Management-Software, Datenbanken, Archive, Toolsets und Dienstprogramme, um „guest machines", „virtual machines", „workloads" oder „container" (siehe » APP «) bereitzustellen, zu starten, zu stoppen, zu verschieben und anderweitig zu verwalten. Diese zentralen Komponenten werden vom Betriebspersonal (Administratoren; privilegierte Nutzer) verwendet, das die gesamte IT-Infrastruktur verwaltet. Der Zugriff kann, etwa in Form von Self-Service-Portalen, ganz oder teilweise auch weniger privilegierten Nutzergruppen beim Anwender ermöglicht werden. Ebenfalls zählen zu diesem Bereich alle Verfahren, Toolsets, Dienstprogramme und Hintergrundsysteme, die zur Erstellung und Konfiguration (engineering) sowie zur Inventarisierung und Archivierung benötigter Softwarekomponenten verwendet werden.
Database and Storage Systems » DSS «	Alle zentralen Speichersysteme (storage) und zugehörige Software, auf die Computersysteme (» CSS «) über Rechenzentrumsnetze (» DCN «) zugreifen. Der Bereich umfasst auch Datenbankmanagementsysteme (DBMS), auch wenn sie auf den Computersystemen laufen. Datenbankmanagementsysteme (DBMS) wurden aus dem Bereich *Apps and Middleware (APP)* ausgenommen. Der Bereich umfasst ebenfalls alle Ressourcen für Backup und Disaster Recovery.
Operations Support Systems » OSS «	Hierzu zählen alle zentralen Komponenten wie Management-Software, Datenbanken, Archive, Toolsets und Dienstprogramme, die vom Betriebspersonal (Administratoren) für den grundlegenden Betrieb des Rechenzentrums und die Verwaltung und Pflege der IT-Infrastruktur verwendet werden. Dazu gehört die Technologie (Hardware, Software) für das IT-Service-Management (zum Beispiel Ticketing-Systeme), das Asset- und Konfigurationsmanagement (CMDB), das Release- und Deployment-Management (zum Beispiel Software-Repositories), das Logmanagement, das Serviceverfügbarkeits- und Performance-Management sowie für das Bestellwesen und das Projektmanagement. Die Prozesse und die Nutzung der Systeme sind nicht enthalten.

Infrastructure for Privileged Users » IPU «	Diese technische Infrastruktur umfasst alle Netze und Netzwerkausrüstungen sowie sonstigen Geräte und Einrichtungen, die es dem Betriebspersonal (Administratoren; privilegierte Nutzer) ermöglichen, aus der Ferne auf das Rechenzentrum und seine Komponenten zuzugreifen, um Verwaltungs- und Wartungsaufgaben durchzuführen. Dazu gehören Einrichtungen wie Jump-Server und zentral bereitgestellte Dienste zum Beispiel zur Authentifizierung und Autorisierung. Nicht enthalten sind die Arbeitsplatzcomputer der Administratoren (siehe » MWP «, » OWP «) und Endgeräteerweiterungen, die zur sicheren Kommunikation über ein WAN verwendet werden und um Zugang zu Netzen im Rechenzentrum zu erhalten.
Cluster: Security Services (4 Bereiche)	Relevant für den IT-Dienstleister und/oder die Anwenderorganisation
Data Security and Privacy Services » DSP «	Dieser Technologiekomplex umfasst Sicherheitsdienste, die IT-Services Dritter vorgeschaltet sind und die Sicherheitsdienste ergänzen, über die diese IT-Services (meist Cloud-Computing-Services auf Applikationsebene, siehe » APP «) selbst nicht verfügt. Zu den Sicherheitsdiensten gehören Datenverschlüsselung, verschiedene Formen der Maskierung von Daten, Authentisierungs- und Autorisierungsdienste einschließlich Single Sign-On und dergleichen. Die hier zusammengefassten Lösungen arbeiten als Proxy und werden oft als Cloud Security Gateways bezeichnet.
Forward Security (as a Service) » FWS «	Zentral als IT-Service und nicht auf dem Endpunkt bereitgestellte Kombinationslösungen, die Anwender vor Gefahren aus dem Netz und dort zur Verfügung stehender Applikationen schützen. Zu den Komponenten gehören Content-Filter und Anti-Malware (etwa in Form von Secure Web Gateways, SWG), Proxy-Services sowie Firewall-as-a-Service (FWaaS) oder Cloud Firewalls, bei denen der gesamte Datenverkehr auf einen Cloud-Service des Anbieters umgeleitet und dort geprüft und gesteuert wird.

Apps Security (as a Service) » APS «	Zentral als IT-Service bereitgestellte Kombinationslösungen, die Applikationen (siehe » APP «) im Modus eines Reverse-Proxy vor Gefahren aus dem Netz schützen und die Sicherheitsdienste für diese Applikationen (siehe » APP «) erbringen, die auch als Cloud App Security bezeichnet werden. Sie enthalten zum Beispiel Dienste für das Logmanagement, die Analyse des Datenverkehrs (Cloud discovery), den API-Schutz oder auch Discovery-Lösungen zum Auffinden unerlaubter Applikationen (Schatten-IT).
Zero Trust Access Components » ZTA «	Lösungen, die als alleinige Vermittler den Zugriff auf bestimmte IT-Services (meist Applikationen, siehe » APP «) steuern, indem sie die Nutzer und gegebenenfalls auch die von ihnen genutzten Geräte bei jedem Zugriff authentisiert sowie Kontext und weitere Regeln prüft. Architektur und verwendete Komponenten unterscheiden sich je nachdem, ob das Prinzip Zero Trust durch den Endpunkt oder den IT-Service initiiert wird.

Viele Komponenten und Lösungen auch der IT-Sicherheit wurden in den Kurzbeschreibungen nicht erwähnt. Aber alle Komponenten und Lösungen sollten den Themenbereichen in der Taxonomie zugeordnet werden können. Hier sind zwei Beispiele für IT-Sicherheitslösungen und ihre Zuordnung:

CASB (Cloud Access Security Broker) kombiniert Komponenten der Bereiche *Forward Security (as a Service) (FWS)* und *Apps Security (as a Service) (APS)*.

SASE (Secure Access Service Edge) ist eine Architektur. Sie umfasst diverse Komponenten und Lösungen, die logisch zwischen den Cloud-Services liegen (die über das Internet erreichbar sind; Internet edge) und dem Anwender (der einen solchen Cloud-Service bzw. eine Applikation nutzen will; service edge). Zu diesen Komponenten und Lösungen gehören Netzwerk-Services und Security Services (siehe Abb. 21). Zu den Netzwerk-Services gehören Komponenten der Bereiche *Wide Area Network (underlay) (WAN)* und *Wide Area Network (overlay) (SDW)* sowie aus den Zugängen wie » LCN «, » DCN « und » DCS «). Zu den Security Services gehören Sicherheitsdienste der Form *Forward Security (as a Service) (FWS)* und *Apps Security (as a Service) (APS)* sowie die Steuerung der Zugriffe mit *Zero Trust Access Components (ZTA)*.

5.6   Zusammenfassung und Ausblick

Bedrohungsakteure machen sich nicht an unseren am besten geschützten Bereichen zu schaffen, sondern suchen nach unseren schwächsten Punkten. Deshalb ist ein umfassendes Bild erforderlich, um ein sicheres integriertes Ganzes zu schaffen und zu erhalten. Die Kette ist so stark, wie ihr schwächstes Glied. Das bedeutet, dass jede Aktivität entlang der betriebsinternen (selbst kontrollierten) und externen Wertschöpfungskette (mit Zulieferern und Kunden) Quelle für Fehler (Schwachstellen) sein kann, die zu IT-Sicherheitsrisiken führen können. Um dies zu verhindern, sind nicht nur Sicherheitsstandards erforderlich, sondern es bedarf passender Werkzeuge, um die Übersicht zu erlangen und zu erhalten. Diese müssen einfach gehalten sein, sodass sich grafische Darstellungen wie die in diesem Kapitel vorgestellte Taxonomie eignen. Es muss bedacht werden, dass die Wertschöpfungs- oder Lieferkette nicht starr ist: Vielmehr hängt sie fast immer vom jeweiligen IT-Service und oft auch von der vertraglich fixierten Arbeitsteilung (Service-Modell [8]) zwischen IT-Dienstleister und der Anwenderorganisation ab. Damit wird die Taxonomie auch zum Werkzeug, das die Zusammenarbeit zwischen IT-Dienstleister und Anwenderorganisation zu organisieren hilft (*Joint Security Management, JSM*) und es erlaubt, die zu einem IT-Service gehörenden Sicherheitsstandards aufzufinden und anzuwenden.

Für die betriebliche Anwendung sollte die Taxonomie Teil einer umfassenderen Architektur sein. Insbesondere sollte sie einer Hierarchie von Dokumenten/Standards zugeordnet sein. Außerdem sollte die modulare und hierarchische Beschreibungsweise in den einzelnen Dokumenten/Standards fortgesetzt werden [2]. Damit sind nicht nur Informationen leichter auffindbar, sondern sie können flexibel und mit weniger Aufwand aktualisiert werden. Ein entsprechendes System von Bezeichnern (Codes, IDs) erleichtert die Referenzierung. Dies wird in Kapitel 6 vertieft.

Komplexität ist der Gegenspieler guter IT- oder Cybersicherheit. Mit Hilfe einer Taxonomie kann sie reduziert und beherrschbar werden. Man gewinnt Übersicht und die Kommunikation und Verständigung werden unterstützt. Aufgaben können leichter identifiziert, Lücken erkannt und Verantwortlichkeiten zugeordnet werden. Damit wird sie zu einem wichtigen Managementinstrument.

Literaturverzeichnis

Referenzen (Quellen)

[1] Klaus Hünecke: Die Technik des modernen Verkehrsflugzeuges, Motorbuch Verlag, 2017, ISBN 978-3-613-03893-6

[2] Eberhard von Faber and Wolfgang Behnsen: Secure ICT Service Provisioning for Cloud, Mobile and Beyond (ESARIS: The Answer to the Demands of Industrialized IT Production Balancing Between Buyers and Providers); Springer Vieweg, Wiesbaden 2017, pages 382, figures 159, ISBN 978-3-658-16481-2, 2nd updated and extended Edition, https://doi.org/10.1007/978-3-658-16482-9

[3]   Eberhard von Faber: Taxonomy for Systematic IT Service Security Along the Entire Supply Chain; November 2022, 25 pages, https://zero-outage.com/news/taxonomy-for-systematic-it-service-security-along-the-entire-supply-chain/; abgerufen am 9. Juni 2023

[4]   ISO/IEC 20000 – Information technology – Service management – Part 1: Service management system requirements, Part 2: Guidance on the application of service management systems

[5]   Eberhard von Faber: Methoden: „Secured by definition" und die Umsetzung von Prinzipien aus dem Qualitätsmanagement, Durchgängige IT-Sicherheit durch Integration in die IT-Produktionsprozesse; in: Datenschutz und Datensicherheit - DuD, 43(7), Juli 2019, Springer Fachmedien, Wiesbaden 2019, ISSN 1614-0702, pp 410-417; https://doi.org/10.1007/s11623-019-1136-0 (SharedIt: https://rdcu.be/bGy3r)

[6]   Eberhard von Faber and Wolfgang Behnsen: Joint Security Management: organisationsübergreifend handeln (Mehr Sicherheit im Zeitalter von Cloud-Computing, IT-Dienstleistungen und industrialisierter IT-Produktion); Springer Vieweg, Wiesbaden 2018, 246 Seiten, 60 farbige Abbildungen, ISBN 978-3-658-20833-2, https://doi.org/10.1007/978-3-658-20834-9

[7]   Eberhard von Faber: Zur Zukunft des IT-Sicherheitsmanagements angesichts des Wandels von Technik und Serviceerbringung (Ein Diskussionspapier); in: Datenschutz und Datensicherheit - DuD, 45(10), Oktober 2021, Springer Fachmedien, Wiesbaden 2021, ISSN 1614-0702, pp 691-697, https://doi.org/10.1007/s11623-021-1516-0 (SharedIt: https://rdcu.be/cyleD)

[8]   Eberhard von Faber: Vorschlag zur Verbesserung von Cloud-Sicherheitsstandards; Berücksichtigung der unterschiedlichsten Service- und Bereitstellungsmodelle mit nur zwei Anforderungen; in: Datenschutz und Datensicherheit - DuD, 46, pp. 45-51. January 2022, Springer, ISSN 1614-0702, https://doi.org/10.1007/s11623-022-1559-x (https://rdcu.be/cEp9H)

Weitere Literatur (Empfehlungen)

[9]   Eberhard von Faber: IT und IT-Sicherheit in Begriffen und Zusammenhängen, Thematisch sortiertes Lexikon mit alphabetischem Register zum Nachschlagen; Springer Vieweg, Wiesbaden 2021, 289 Seiten, 64 farbige Abbildungen, ISBN 978-3-658-33430-7, https://doi.org/10.1007/978-3-658-33431-4

ELEKTRONISCHES ZUSATZMATERIAL
Die Abbildungen sind als PowerPoint-Datei
über https://link.springer.com/ auf der Seite des eBooks abrufbar.

6 Dokumenten- und Bibliotheksstruktur

Große Vorhaben müssen systematisch angegangen werden. Ohne einen eigenen Plan geht es nicht. Pläne anderer müssen mindestens zu eigenen erklärt, meist jedoch auch den eigenen Anforderungen entsprechend angepasst werden. Bei großen Vorhaben werden Unmengen an Dokumenten erstellt: Anforderungsdefinitionen, Zeitpläne, Projektpläne, Pflichtenhefte, Architekturentwürfe, Detailentwürfe, spezielle Konstruktionszeichnungen, Stücklisten, Fertigungspläne, Arbeitspläne und so weiter und so fort. Abb. 22 zeichnet die Entwicklung beim größten Passagierflugzeug der Welt nach, dem Airbus A380. In vielen Phasen haben viele Menschen an vielen Themen vielfältige Tätigkeiten ausgeführt und dokumentiert. Das ist in der IT und der IT-Sicherheit nicht anders. Doch wie sollen all diese Dokumente aussehen und wie ordnet und verwaltet man sie?

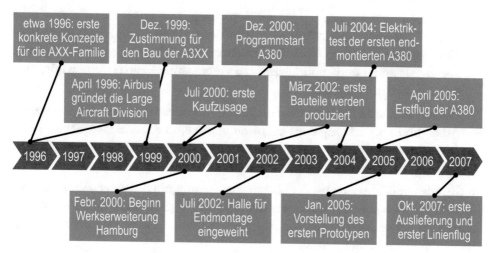

Abb. 22: Konzeption, Entwicklung und Bau des größten Verkehrsflugzeugs der Welt (A380)
(Quelle der Daten: [1])

Ergänzende Information Die elektronische Version dieses Kapitels enthält Zusatzmaterial, auf das über folgenden Link zugegriffen werden kann https://doi.org/10.1007/978-3-658-41933-2_6.

© Der/die Autor(en), exklusiv lizenziert an
Springer Fachmedien Wiesbaden GmbH, ein Teil von Springer Nature 2023
E. von Faber, *IT-Service-Security in Begriffen und Zusammenhängen*,

6.1   Ziele und Dokumentenbezogene Lösungen

Größere Organisationen müssen Eigenständigkeit besitzen, sich unabhängig machen und die Grundlagen und Ergebnisse ihrer Arbeit dokumentieren. Reproduzierbarkeit ist andernfalls nicht möglich. Das gilt auch für die kontinuierliche Verbesserung. Deshalb definieren sie Pläne und Vorgaben in Form eigener Dokumente (Standards). Der Begriff „Corporate Standards" wurde bereits in Kapitel 3.3.1 (ab Seite 37) definiert. Die folgende, zweite Begriffsbildung fokussiert stärker auf die Notwendigkeit, solche proprietären (organisationsspezifischen) Standards für die IT-Service-Security zu entwickeln und zu nutzen:

Corporate Standards (Erfordernis)

Dokumente (Standards für die IT-Service-Security), die Verfahren und Maßnahmen definieren, die verpflichtend oder regelbasiert anzuwenden bzw. zu implementieren sind. Sie werden benötigt, um einheitliche und gleichbleibende Ergebnisse hoher Qualität produzieren zu können.

Auch wenn auf Materialien Dritter zurückgegriffen wird, haben eigene Standards einen klaren und höheren Grad an Verbindlichkeit innerhalb der Organisation und ermöglichen es, sie entsprechend den Erfordernissen der Organisation eigenständig und kontinuierlich zu verbessern und zu erweitern oder auch unverändert zu belassen.

Eigene Standards sind die Grundlage und dokumentieren die Ergebnisse der Arbeit und Entwicklung der Organisation. Sie sind daher unabdingbar für die Aufrechterhaltung und Verbesserung der Wettbewerbsfähigkeit sowie die Erreichung der Ziele der Organisation und für nachhaltigen Erfolg.

Im Grunde handelt es sich bei der obigen Aufzählung um Selbstverständlichkeiten. Sie unterstreichen aber die Bedeutung der Dokumente (Standards für die IT-Service-Security), was sich manche auf Kurzfristigkeit und aufs Machen fokussierte Organisationen in Erinnerung rufen sollten.

Aber Dokument ist nicht gleich Dokument, und die bloße Existenz von Schriftstücken sagt erst einmal gar nichts. Doch wie erschafft man „gute" Dokumente bzw. eine Bibliothek mit vielen Dokumenten, die die Organisation maßgeblich dabei unterstützen erfolgreich zu sein? Man braucht ein Konzept für die Erzeugung, Verwaltung und Nutzung – ein Dokumentenmanagementsystem.

Bevor man ein System für die Verwaltung von Dokumenten schafft oder beginnt, Dokumente herzustellen, sollte man sich überlegen, was man eigentlich erreichen möchte. Abb. 23 (links) zeigt sechs Ziele bzw. Erwartungen der Nutzer, wobei jeweils zwei Ziele verwandt miteinander sind und deshalb enger zusammenstehen.

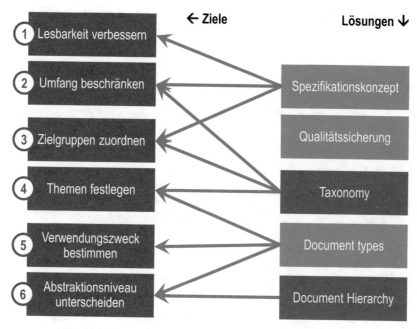

Abb. 23: Ziele und Lösungen für die Dokumentenverwaltung

Bei Romanen und Erzählungen zählt die Originalität, die Überraschung und die Andersartigkeit. Das gilt für den Aufbau insgesamt ebenso wie für die Ausdrucksweise. Will man sich dagegen orientieren und informieren, so helfen bekannte, wiederkehrende Muster und Strukturen. Dies schafft man durch ein Konzept, das Vorgaben enthält und Hilfestellungen für Autoren gibt:

Spezifikationskonzept

Das Spezifikationskonzept bietet Autoren von *Corporate Standards* Hilfestellungen bezüglich des Aufbaus von Dokumenten (Standards für die IT-Service-Security) und der Darstellung von Inhalten und gewährleistet, dass Dokumente für ähnliche Zwecke und Zielgruppen ähnlich strukturiert und abgefasst sind und sich korrekt in die Dokumentenstruktur (Dokumentenhierarchie und Taxonomie) eingliedern. Dies verbessert die Informationsvermittlung, erleichtert die Aufnahme und die Verarbeitung des Gelernten und erhöht damit die Chance, dass die Standards ihre vorgesehene Wirkung entfalten.

Das Spezifikationskonzept liefert auch Vorlagen (für Office-Programme und Webseiten), die verwendet werden sollen, um die Richtlinien für eine einheitliche Unternehmensdarstellung (Corporate Design) einzuhalten. Solche Richtlinien bestimmen, wie das Logo und welche Schriftart, Schriftgröße usw. verwendet werden sollen. Die Richtlinie bzw. das Spezifikationskonzept zeigt aber auch, wie die Inhalte am besten strukturiert und kommuniziert werden.

Eine einfache und sehr wirkungsvolle Maßnahme in einem *Spezifikationskonzept* ist es, für bestimmte Dokumente eine Gliederung vorzugeben. Abb. 24 zeigt ein

Beispiel für die wichtigen Standards im → *Orchestration Layer*, der weiter unten eingeführt und erklärt wird.

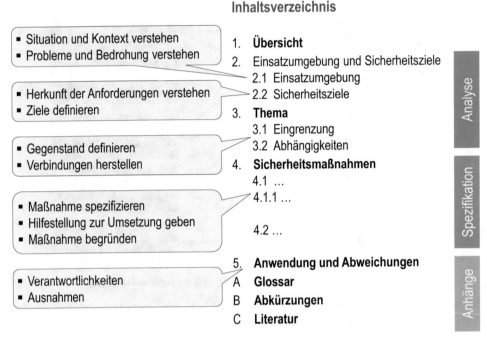

Abb. 24: Typische Gliederung eines Standards (Level/Ebene 4, Quelle: [2])

Nutzer wollen sehr häufig wissen, woher die Sicherheitsmaßnahmen kommen, die sie implementieren und umsetzen sollen. Auch diejenigen, die die Sicherheitsmaßnahmen definieren, sollten sich Rechenschaft darüber geben und sie nachvollziehbar ableiten. Häufig unterbleibt die Analyse der Einsatzumgebung leider. Die für sie relevanten Bedrohungen für die IT-Sicherheit werden nicht recht verstanden, was sich auch auf die Maßnahmen vererbt, weil keine Sicherheitsziele definiert werden.

Standards für die IT-Service-Security sollten daher nach Möglichkeit immer drei Teile enthalten:
- eine Einführung (Thema, Zielgruppe, Zweck usw.),
- den *Analyseteil*,
- den *Spezifikationsteil*.

Siehe Abb. 24.

Analyseteil (eines Standards)

Der Analyseteil beschreibt zunächst die IT und ihre Einsatzumgebung. Bei prozessorientierten Standards werden Aufgaben und Szenarien beschrieben. Dies grenzt das Thema ein und zeigt den Anwendungsbereich des Standards auf.

In beiden Fällen folgt eine (qualitative) Analyse der Bedrohungen bzw. eine Problemanalyse, also eine Beschreibung möglicher negativer Auswirkungen für den Fall, dass keine (Gegen-)Maßnahmen ergriffen werden. Neben den klassischen Bedrohungen der IT-Sicherheit sollten auch Probleme, wie die Nichteinhaltung von Gesetzen, Regularien, Kundenanforderungen usw. (Compliance), betrachtet werden. Werden wichtige Problembereiche nicht erkannt, so wird die Definition der notwendigen (Gegen-) Maßnahmen eventuell lückenhaft sein.

Aus der Problemanalyse werden Sicherheitsziele abgeleitet. Dieser Schritt ist wichtig, um die Darstellung in eine konstruktive Richtung zu lenken und die nachfolgende Spezifikation der (Gegen-) Maßnahmen vorzubereiten. Die Erreichung von Sicherheitszielen ist überprüfbar und besser geeignet als Grundlage für den *Spezifikationsteil (eines Standards)*.

Dieser Teil eines Standards kann auch relativ kurz sein. Wichtig ist, dass die Analyse erfolgt, sodass auch die Anwender erkennen können, warum welche Sicherheitsmaßnahmen verlangt werden. Anwender sehen auch, was (positiv) erreicht werden soll, was ihre Motivation erhöht und die Qualität ihrer Mitwirkung verbessern hilft.

Dem Analyseteil folgt der Spezifikationsteil (siehe Abb. 24).

Spezifikationsteil (eines Standards)

Der Spezifikationsteil enthält die umzusetzenden Maßnahmen für die IT-Service-Security. **Sicherheitsmaßnahmen (security measures)** sind Vorkehrungen, die getroffen werden, um Risiken zu verringern. Sicherheitsmaßnahme ist gleichbedeutend mit Sicherheitskontrolle (oft deutsch für: security control). Sicherheitsmaßnahmen, können administrativer, organisatorischer oder prozessbezogener, technischer oder juristischer Art sein.

Der Begriff Sicherheitsmaßnahme ist hinsichtlich des Abstraktionsgrades bzw. Detaillierungsniveaus nicht genau gefasst. Sicherheitsmaßnahmen können sehr umfassend oder auch sehr implementierungsnah sein.

Auch die Überprüfung und Kontrolle, ob andere, zum Beispiel technische Maßnahmen implementiert wurden und wirksam sind, sollte als Maßnahme definiert werden. Nur dann entsteht ein vollständiger Maßnahmenkatalog.

Auf der Ebene 4 (→ *Orchestration Layer*) der Hierarchie (*Documentation Hierarchy* sollte die Spezifikation festen Regeln folgen, sodass alle Beschreibungen gleichartig abgefasst sind und unbedingt referenzierbar sind. Auf der Ebene 4 sollte auch unterschieden werden zwischen Maßnahmen, die stets implementiert und umgesetzt werden müssen und solchen, für die dies nur unter bestimmten Bedingungen gilt, zum Beispiel um bestimmten, nationalen oder branchenspezifischen Anforderungen zu genügen. Auch kann es Maßnahmen geben, die nur auf Kundenwunsch implementiert werden. Dies ist entsprechend kenntlich zu machen zum Beispiel mit den Kennern „Standard", „Option" und „Zusatz".

Es wird empfohlen, den Spezifikationsteil nicht in Form von Anforderungen, sondern in Form von Spezifikationen (Tatsachen) abzufassen. Mit Hilfe von **Sicherheitsanforderungen** (security requirement) werden Eigenschaften von

Sicherheitsmaßnahmen beschrieben, sodass die Flexibilität bei der Auswahl und Konzeption der Sicherheitsmaßnahmen gewahrt bleibt, während Sicherheitsmaßnahmen direkte Anweisungen geben, was und wie etwas implementiert und umgesetzt werden soll.[14]

Sehr wichtig ist es zu verstehen, dass Dokumente, aber auch andere Medien wie Filme, nicht mehr Informationen liefern sollten, als für die Zielgruppe relevant und für das Thema erforderlich ist. Siehe Abb. 23 auf Seite 95. Derlei Überlegungen sollten dazu führen, dass Klassen oder Typen von Dokumenten definiert und unterschieden werden. Ordnet man jedes Dokument einen solchen „Document type" (Abb. 23) erkennbar zu, so können Anwender die für sie wichtigen und relevanten Dokumente leichter finden.

Document type

Dokumente unterscheiden sich hinsichtlich ihres Charakters (Konzept, Arbeitsanweisung usw.) bzw. der Zweckbestimmung (Art der Verwendung). Jeder Dokumenttype kodiert einen Charakter bzw. eine Zweckbestimmung. Die Zahl verschiedener Dokumenttypen sollte nicht zu hoch sein.

Der Dokumenttyp kann zum Beispiel mit zwei Buchstaben kodiert werden. Es ist weiterhin möglich, auch Daten wie die Zielgruppe, den Medientyp und den Vertraulichkeitsgrad zu kodieren. Wichtig ist, dass die Buchstabenkombination kurz und leicht verständlich bleibt.

Der Dokumenttyp wird Teil der → *Document ID*, mit der die Dokumente etikettiert werden.

Jedes Dokument sollte ein Thema vertiefen und ein bestimmtes Abstraktionsniveau aufweisen, was auch mit dem Zweck und der Zielgruppe zusammenhängt. Damit kommen wir zur Bibliotheksstruktur, die im nächsten Kapitel beschrieben wird.

6.2   Ziele und Bibliotheksbezogene Lösungen

Um die in Abb. 23 (Seite 95) dargestellten Ziele zu erreichen, benötigen wir zwei weitere Ordnungsprinzipien: Schon in Kapitel 3.3.1 (ab Seite 37) wurde erklärt, wie die Bibliothek der Standards für die IT-Service-Security mit Hilfe der *Document Hierarchy* (Dokumentenhierarchie) und der *Taxonomy* strukturiert wird. Der Beschreibung der *Taxonomy* wurde ein ganzes Hauptkapitel 5 (ab Seite 69) gewidmet. Wie im letzten Kapitel 6.1 erwähnt, sollten diese beiden Ordnungsprinzipien aufgrund ihrer fundamentalen Bedeutung für das Management der IT-Service-Security auch in der *Document ID* kodiert werden.

---

[14] Der Begriff Sicherheitsanforderung wird aber auch im Sinne von technischen Spezifikationen verwendet, die die Art und Weise der Implementierung (Umsetzung) exakt beschreiben.

Abb. 25 zeigt eine Übersicht über die Bibliotheksstruktur. Die Dokumente werden hierarchisch mit nach unten zunehmendem Detailierungsgrad geordnet. Auf den Ebenen 4 und 5 werden die Dokumente thematisch mit Hilfe der *Taxonomy* geordnet.

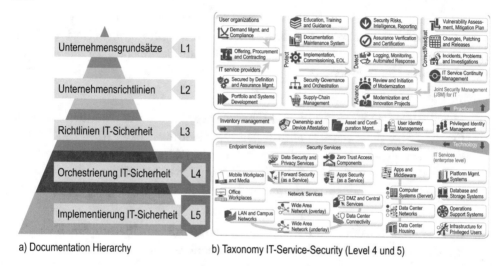

a) Documentation Hierarchy   b) Taxonomy IT-Service-Security (Level 4 und 5)

Abb. 25: Dokumentationshierarchie und Taxonomie

Es folgt eine Kurzbeschreibung der beiden Ordnungsprinzipien, in denen die Erreichung der in Abb. 23 (Seite 95) dargestellten Ziele besondere Aufmerksamkeit geschenkt wird.

Hierarchy and Taxonomy (Erfordernis)

Die Dokumente (Standards für die IT-Service-Security) sind hierarchisch geordnet. Das heißt, allgemeine Richtlinien der Organisation zu Sicherheitsthemen werden auf die IT-Service-Security heruntergebrochen und für diesen Bereich genauer spezifiziert. Und die Richtlinien und allgemeineren Standards für die IT-Service-Security werden wiederum bis zu detaillierten, technischen Anweisungen verfeinert.

Die Hierarchie (Hierarchy) der Dokumente reflektiert auch eine organisatorische Hierarchie in der IT-Organisation, die von der Steuerung und Führung (obere Ebene 3) bis zur Ausführung und Umsetzung (untere Ebene 5) führt. Maßgeblich auf der Ebene 4 (*Orchestration Layer*) erfolgt die aktive Ausgestaltung der IT-Service-Security und der Abgleich der Maßnahmen untereinander. Die Ebenen unterstützen also auch die Zielgruppenorientierung.

Die Zielgruppenorientierung wird auch durch die auf den Ebenen 4 und 5 verwendete *Taxonomy* unterstützt, die das Gebiet der IT-Service-Security in diverse Themenbereiche gliedert.

Hierarchy und *Taxonomy* sind zudem visuell verständliche und anschauliche Instrumente. Damit wird das abstrakte Konstrukt „IT-Service-Security" auf verständliche Einheiten heruntergebrochen, wobei jede Einheit in Einzeldokumenten zweck- und zielgruppenspezifisch dargestellt wird. Dadurch wird auch die jeweilige Informationsmenge erheblich reduziert, was Akzeptanz und Umsetzung zu verbessern hilft.

Natürlich kann die Hierarchie zum Beispiel auch drei oder vier Ebenen besitzen. Wichtig ist, dass es eine mittlere Ebene gibt, die wir als *Orchestration Layer* bezeichnen. In der in Abb. 25 gezeigten Hierarchie liegt er auf der Ebene 4. Er hat verschiedene besondere Funktionen.

Orchestration Layer

Ebene mit einer Doppelfunktion. EINERSEITS werden die Dokumente (Standards für die IT-Service-Security) auf diesem Detaillierungs- bzw. Abstraktionsgrad dafür verwendet, die Anwenderorganisationen (Kunden) über die vielen Maßnahmen für die IT-Service-Security zu informieren, sie zu beraten, eventuell Verhandlungen über sie zu führen und sie schließlich vertraglich zu vereinbaren.

Es handelt sich deshalb um im weiteren Sinne implementierungsunabhängige Spezifikationen (keine Produkte und Versionen), sodass der IT-Dienstleister gewisse Freiräume hat, die vereinbarte IT-Sicherheit zu implementieren. Diese Flexibilität nützt beiden Seiten. Sie ist aber auch nötig, um die IT-Sicherheit in einem marktwirtschaftlich und technologisch sehr dynamischen Umfeld erfolgreich implementieren und aufrechterhalten zu können.

ANDERERSEITS werden die dem Orchestration Layer zugeordneten Dokumente (Standards für die IT-Service-Security) als Vorgaben und Blaupausen für die Implementierung der IT-Sicherheit durch den IT-Dienstleister verwendet. Es ist wichtig, dass der Detaillierungs- bzw. Abstraktionsgrad noch so hoch ist, dass die Informationsmenge überschaubar und eine Zusammenschau aller Sicherheitsmaßnahmen möglich und die Überprüfung von Vollständigkeit und Zusammenwirken machbar ist. Der Orchestration Layer markiert also die Ebene, auf der ein gestaltendes, übergreifendes und aktives Sicherheitsmanagement noch möglich ist. Jede tiefere und deshalb detailreichere Ebene dient der Implementierung (korrekten Umsetzung) der Spezifikationen im Orchestration Layer.

Um die Interaktion mit den Anwenderorganisationen einerseits und das aktive Management der IT-Service-Security durch den IT-Dienstleister andererseits bestmöglich zu unterstützen, ist der Orchestration Layer selbst noch einmal hierarchisch und modular aufgebaut: Die *Taxonomy* teilt ihn in zum Beispiel 41 einzelne Themenbereiche, die in jeweils einem Dokument detailliert werden und zwar in Form von im Durchschnitt 10-20 einzelnen *Sicherheitsmaßnahmen (security measure)*.

Die Struktur der Dokumente wurde in Kapitel 6.1 beschrieben.

Aber was nützt eine Bibliothek, die zwar Dokumente für jedes Thema, jede Zielgruppe und jeden Zweck enthält, aber in der man das Benötigte nicht oder nur schwer finden kann? Dauert die Suche zu lange, geben die Menschen auf. Scheint es schwer zu sein, das Gesuchte zu finden, wird die Bibliothek erst gar nicht befragt.

Meist lautet die Lösung hierfür: elektronische Suche. Das Internet macht es vor. Doch auch die elektronische Suche ist nur dann brauchbar und effizient, wenn Begriffe standardisiert und gleich verstanden werden. Hierzu leistet das vorliegende Buch und das Lexikon vom gleichen Autor [3] wertvolles Material. Gleiches Verständnis und gleiche Verwendung können aber nicht unbedingt vorausgesetzt werden. Begriffe sind mehrdeutig und Menschen sind oft nicht besonders diszipliniert darin, Fachbegriffe zu erlernen und diese konsequent richtig anzuwenden. In einer größeren Organisation kann davon allgemein nicht ausgegangen werden. Trotzdem sollte man alle Dokumente in der elektronische Bibliothek mit Etiketten (tags) versehen, sodass die Suche nach ihnen zu den richtigen Dokumenten führt.

Eine weitere, sehr leistungsfähige Lösung besteht in der Konstruktion von *Document IDs*, in denen die Hierarchieebene, der Themenbereich in der Taxonomy und andere Eigenschaften des Dokumentes kodiert sind.

Document ID

Document IDs sind eindeutige Kombinationen aus Buchstaben, Ziffern und Sonderzeichen. Document IDs dienen ERSTENS der eindeutigen Identifikation eines Dokumentes und ihrer leichten Referenzierung unabhängig vom Titel, der sich eventuell auch ändern kann. Sie ähneln darin einer ISBN-Nummer (Internationale Standardbuchnummer). Hinweise und Verweise auf Dokumente sind so in der Kommunikation (zum Beispiel über Email) und sogar im Sprachgebrauch sehr leicht und eindeutig möglich.

Document IDs kodieren ZWEITENS den *Document type* (Charakter bzw. Zweckbestimmung) sowie das fachliche Thema (entsprechend der *Taxonomy*) und die Position in der *Document Hierarchy* bzw. in der Bibliotheksstruktur.

Die Dokumente werden, von außen leicht erkennbar, mit ihrer jeweiligen Document ID etikettiert. Auf diese Weise ist auf einfache Art sehr schnell erkennbar, um was für ein Dokument es sich handelt.

Die *Document ID* ist Teil des Dateinamens (wenn es sich um eine Datei handelt) und erscheint auf allen Seiten des Dokumentes bzw. prominent zum Beispiel am Anfang und am Schluss bei Videos oder Webseiten.

Nach etwas Gewöhnung weiß man, welche Dokumente zum eigenen Arbeits- und Aufgabengebiet gehören, wie man sie findet und wie man sich mit anderen darüber verständigt.

Abb. 26 zeigt ein Beispiel für eine *Document ID*.

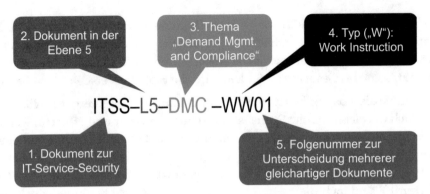

Abb. 26: Beispiel für eine Document ID mit Erläuterung

Allein diese kurzen Angaben liefern viele nützliche Informationen, die es gestatten, das Dokument einzuordnen und aufzufinden. Der Dateiname könnte dann zum Beispiel lauten:

ITSS-L5-DMC-WW01 - Sicherheitsbedarfsanalyse Geschäftsanwendung.pdf

Werden Dateien in Verzeichnissen auf Servern oder in Ergebnislisten einer Suche alphabetisch sortiert, so stehen gleichartige Dokumente neben- bzw. untereinander, sodass auch Querbezüge leicht erkennbar sind.

Zusätzlich sollten alle Dokumente systematisch mit Begriffen etikettiert werden (es werden „tags" hinzugefügt). Es wird empfohlen, dazu eine Sammlung von Grundbegriffen (Thesaurus) zu erstellen. Die dort enthaltenen Begriffe sollen vorrangig verwendet werden. Wird der Thesaurus standardisiert, werden die gleichen Begriffe verwendet, und es wird leichter, Dokumente mit ähnlichen Bezügen zu finden. Es können jedoch zusätzlich auch andere Begriffe verwendet werden, und der Thesaurus kann ebenfalls jederzeit ergänzt werden.

6.3   Weitere Anregungen

Damit die oben vorgeschlagenen Lösungen wirklich genutzt und umgesetzt werden, bedarf es der Hilfe für die Autoren der Dokumente und einer Qualitätssicherung. Beides kann eine *Redaktion* (Editorial Board) übernehmen.

Editorial Board (Redaktion)

Die Redaktion ist ein kleines, kontinuierlich arbeitendes Team (kein Projekt und kein nach Bedarf tagendes Gremium), das die Erstellung bzw. Aktualisierung von Dokumenten (verschiedener Medien) bis zur Veröffentlichung innerhalb der Organisation begleitet. Es unterstützt Autoren, die Inhalte produzieren, und Genehmiger, die Dokumente und Inhalte prüfen und freigeben, bestimmt aber selbst nicht, was genau die Organisation zum Standard für die IT-Service-Security macht. Sie sorgt primär für Konsistenz, Qualität und Aktualität der Standards für die IT-Service-Security. Die Qualitätskriterien der Redaktion umfassen Verständlichkeit, Vollständigkeit, Verlässlichkeit und Formrichtigkeit.

Es ist wichtig zu verstehen, dass die Redaktion einerseits Einfluss auf die Erarbeitung von Dokumenten nehmen soll, andererseits aber nicht fachlich bestimmend ist. Die Redaktion einer Zeitung oder Zeitschrift akzeptiert in der Regel auch die Beiträge der Journalisten. Sie bringt sie allenfalls in die für die Veröffentlichung geeignete Fassung bzw. unterstützt dabei.

Die Redaktion für die IT-Service-Security arbeitet mit einem Netzwerk von Fachleuten für die IT-Service-Security zusammen. Dazu ist es nützlich oder sogar notwendig, dass die Redakteure über generalistisches Wissen zu den Themen IT, IT-Services und IT-Sicherheit verfügen. Die Redakteure sollten mit Begrifflichkeiten umgehen können, wie sie in einschlägigen Kompendien wie [3] zu finden sind. Die Redaktion ist Teil vom → *Maintenance System*, das in Kapitel 3.3.1 erwähnt und kurz beschrieben ist.

Es folgen weitere Vorschläge, die die Tätigkeiten im Dokumentenmanagement und die Nutzung der Bibliothek unterstützen:

Change Type (Dokumente)

Um die Planung und Durchführung von Änderungen an einem Dokument (Standard für die IT-Service-Security) zu erleichtern, werden der Umfang, die Bedeutung bzw. Schwere sowie die Auswirkungen abgeschätzt und als Change type auf einer Skala mit zum Beispiel drei Stufen gemessen. Abhängig vom Wert des Change-type werden Qualitätssicherung, Prüfungen sowie Freigaben hinsichtlich Umfang und Tiefe unterschiedlich gestaltet. Redaktionelle Änderungen erfordern weniger Aufwand als kleine und große Änderungen. Große Änderungen können Folgeaktivitäten erforderlich machen wie ein Projekt, das die Umsetzung der neuen Vorgaben in der Organisation vorbereitet und unterstützt.

Bibliography (Dokumente)

Eine Bibliographie ist ein Bibliotheksverzeichnis, das alle zur Verfügung stehenden Dokumente (eventuell unterschiedlicher Medien) mit allen Metadaten auflistet, wie sie für Zitate und für das Auffinden der Dokumente erforderlich und nützlich sind. Metadaten sind Daten, die das Dokument charakterisieren und beschreiben.

Library History (Dokumente)

Für und soweit sinnvoll in jedem Dokumente wird eine Versionshistorie geführt, die neben der Versionsnummer und dem Datum der Änderung auch die am Dokument vorgenommenen Änderungen selbst beschreibt. Die Bibliothekshistorie (Library History) stellt diese Informationen aus allen Dokumenten an einer Stelle zum Beispiel in Form eines weiteren Dokuments zur Verfügung. Die Bibliothekshistorie (Library History) liefert Informationen über alle Änderungen (im Bereich IT-Service-Security) und sollte es ermöglichen, diese nach Thema und Zeitraum zu filtern. Autoren und Anwender können sich damit einen Überblick über Änderungen verschaffen, die ihren Verantwortungs- oder Interessenbereich betreffen.

Die Ausführungen sollten als Anregungen verstanden werden. Eine vollständige Umsetzung ist eventuell nicht nötig. In jedem Falle sollten Organisationen die Vorschläge an ihre eigenen Gegebenheiten anpassen und entsprechend umsetzen. Da jeweils Begründungen gegeben wurden und der Zweck einer Maßnahme ersichtlich ist, werden Organisationen vielleicht auch angeregt, eigene und bessere Maßnahmen zu entwickeln.

Literaturverzeichnis

Referenzen (Quellen)

[1] Andreas Spaeth: Airbus A380, der letzte Riese; Motorbuch-Verlag, Stuttgart, 2021, ISBN 978-3-613-04348-0

[2] Eberhard von Faber and Wolfgang Behnsen: A security taxonomy that facilitates protecting an industrial ICT production and how it really provides transparency; in: ISSE 2013 Securing Electronic Business Processes, Highlights of the Information Security Solutions Europe 2013 Conference, Springer Vieweg, Wiesbaden,   2013,   ISBN   978-3-658-03370-5,   p.   87-98, https://doi.org/10.1007/978-3-658-03371-2_8

[3] Eberhard von Faber: IT und IT-Sicherheit in Begriffen und Zusammenhängen, Thematisch sortiertes Lexikon mit alphabetischem Register zum Nachschlagen; Springer Vieweg, Wiesbaden 2021, 289 Seiten, 64 farbige Abbildungen, ISBN 978-3-658-33430-7, https://doi.org/10.1007/978-3-658-33431-4

Weitere Literatur (Empfehlungen)

[4] Eberhard von Faber and Wolfgang Behnsen: Secure ICT Service Provisioning for Cloud, Mobile and Beyond (ESARIS: The Answer to the Demands of Industrialized IT Production Balancing Between Buyers and Providers); Springer Vieweg, Wiesbaden 2017, pages 382, figures 159, ISBN 978-3-658-16481-2, 2nd updated and extended Edition, https://doi.org/10.1007/978-3-658-16482-9

ELEKTRONISCHES ZUSATZMATERIAL
Die Abbildungen sind als PowerPoint-Datei
über https://link.springer.com/ auf der Seite des eBooks abrufbar.

7   Secured by Definition

Spiegelt die rechte Spalte in Tab. 6 das wider, was wir als gelebte und erlebte Praxis des IT-Sicherheitsmanagements wahrnehmen? Kein gutes Zeichen, denn dies scheint den Prinzipien zu widersprechen, die William Edwards Deming, Pionier des Qualitätsmanagements, formulierte. Oder ist IT-Sicherheit doch keine Qualität? Mindestens benötigt sie Qualität. Richtig verstanden, führt dieses Verständnis dazu, das Management der IT-Sicherheit neu auszurichten. Wir nennen dies Secured by Definition. Das Qualitätsmanagement zeigt uns, was nötig ist.

Tab. 6: Demings Managementprinzipien und die Praxis im IT-Sicherheitsmanagement
(Quelle: [1], sinngemäß vom Autor übersetzt)

Managementprinzipien von W. Edwards Deming	Praxis im IT-Sicherheitsmanagement
3. Beende die Abhängigkeit von Kontrollen, um Qualität zu erreichen. Eliminiere die Notwendigkeit von Vollkontrollen, indem Qualität von vornherein in das Produkt eingebaut wird.	Audits, Audits, Audits; Checklisten; Evaluierung; Zertifizierung; Kontrolle
7. Verfolge das Ziel, den Menschen (und Maschinen) zu helfen, ihre Arbeit besser auszuführen. Dies sollte auf Basis wissenschaftlicher Methoden erfolgen.	Anforderungsdokumente: („Was zu tun ist") dominieren; Erfahrung ohne Theorie herrscht vor; „Best Practices"
8. Beseitige die Atmosphäre der Angst	Hackervorführungen; Bedrohungsszenarien
10. Beseitige Slogans, Ermahnungen und Zielvorgaben, die von der Belegschaft Null-Fehler-Qualität und neue Produktivitätsniveaus fordern. Solche Ermahnungen führen nur zu Abwehrhaltungen. Die Ursachen für niedrige Qualität und niedrige Produktivität liegen größtenteils im System und somit außerhalb der Macht der Arbeitskräfte.	Awareness-Programme; Sensibilisierungsschulungen; Newsletter

Ergänzende Information Die elektronische Version dieses Kapitels enthält Zusatzmaterial, auf das über folgenden Link zugegriffen werden kann https://doi.org/10.1007/978-3-658-41933-2_7.

© Der/die Autor(en), exklusiv lizenziert an
Springer Fachmedien Wiesbaden GmbH, ein Teil von Springer Nature 2023
E. von Faber, *IT-Service-Security in Begriffen und Zusammenhängen*,

7.1   IT-Sicherheit und das Qualitätsmanagement

Was ist Qualität? Manchmal wird Qualität einfach als das Beste verstanden. Unternehmen reklamieren die Qualitätsführerschaft für sich. Allerdings ist diese Vorstellung von Qualität schlecht feststellbar. Deswegen wird Qualität oft komparativ, also vergleichend verwendet. Im Schach gewinnt man die Qualität, wenn man einen Springer gegen einen Turm abtauscht. Auch dieses Verständnis hat einen Nachteil. Man braucht einen Verlierer bzw. kann sich immer nur verbessern. Wo ist das Ziel, wann ist es genug? Definiert man Qualität als die Eigenschaft, dass die Anforderungen und Erwartungen der Anwender (Kunden) erfüllt sind, verlagert man die Fragestellung auf den Kunden und vermischt sie mit Vertriebs- und Verkaufserfolg. Das macht es auch unnötig kompliziert. Das Qualitätsmanagement braucht sich um die Herkunft der Anforderungen nicht zu kümmern. Die meisten Definitionen reden aber allgemein über die Erfüllung von Anforderungen. Dann kann Pfusch aber auch Qualität haben: Man wollte es billig und schnell machen. Mit solchen Definitionen gewinnt man also eigentlich nicht viel.

Man kann Qualität aber auch so verstehen:

Qualität

> Produkte oder Dienstleistungen besitzen Qualität, wenn sie vorab definierte Eigenschaften besitzen, die zielgerichtet, wiederholt und wiederholbar sowie gleichbleibend hergestellt wurden. Zielgerichtet bedeutet, dass Methoden angewandt wurden, dies zu erreichen. Wiederholt und wiederholbar bedeutet, dass die notwendigen Bedingungen jederzeit hergestellt werden können. Die Eigenschaften können also reproduzierbar hergestellt werden. Und gleichbleibend heißt, dass Abweichungen gewisse Schwellwerte nicht überschreiten.

Diese Vorstellung hat den Vorteil, dass sie eine klar abgrenzbare Aufgabe impliziert. Das Attribut „zielgerichtet unter Anwendung von Methoden" schließt Pfusch aus, denn der zeichnet sich dadurch aus, dass die zielgerichtete Anwendung von Methoden ja gerade fehlt. Das Attribute „wiederholt und wiederholbar" fordert, die Bedingungen verstehen zu müssen, die bestimmte Eigenschaften hervorbringen. Und das Attribut „gleichbleibend" setzt den Maßstab, die Übereinstimmung mit der Vorabdefinition in bestimmten Grenzen.

Warum grenzen wir den Begriff Qualität auf diese Weise ein? Qualitätsmanagement soll eine Disziplin sein, die wenig vom Kontext abhängt und ohne Transzendenz, komplizierte marktwirtschaftliche Rückkopplungen, Einzelbewertungen und logische Kurzschlüsse auskommt.

Qualitätsmanagement

> Qualitätsmanagement umfasst alle Methoden, *Qualität* herzustellen und zu messen, sowie die Planung und Umsetzung von Maßnahmen, die geeignet sind, die *Qualität* zu erhöhen. Dabei beeinflussen die Maßnahmen (zur Erhöhung der Qualität) die Methoden (zur Herstellung der Qualität). Die Maßnahmen

beeinflussen die Bedingungen der Herstellung der Produkte bzw. Dienstleistungen. Dazu gehören zum Beispiel Arbeitsabläufe, Geräte, Maschinen und Werkzeuge, Qualifikationen der Belegschaft, Hilfestellungen durch Anleitungen und Schulungen sowie Ressourcen wie Geld und Größe der Belegschaft.

Wir wissen nicht, ob William Edwards Deming solchen Definitionen zustimmen würde. Aber sie helfen uns, das Modell oder Metasystem (ESARIS) für die IT-Service-Security auf Effektivität (Ziele erreichen) und Effizienz (Aufwand minimieren) zu trimmen.

William Edwards Deming ist eine Autorität der Unternehmensführung und im Qualitätsmanagement. Seine Ideen wurden zuerst in Japan sehr erfolgreich umgesetzt. Erst danach fanden sie international Beachtung und wurden zur Grundlage vieler weiterer Managementmethoden. Die vier Punkte in der linken Spalte von Tab. 6 sind eine Auswahl aus 14 Prinzipien [2], die der Autor passend fand und sinngemäß übersetzt hat. Wikipedia zitiert Deming mit „Erfahrung ohne Theorie lehrt das Management kein bisschen darüber, was zu tun ist, um die Qualität und Wettbewerbsstellung zu verbessern." Diese Ansicht vertritt auch der Managementberater Eliyahu M. Goldratt, der durch seine Bestsellerromane über Unternehmensführung und Prozessmanagement weltweit bekannt wurde. Sie sind im Literaturverzeichnis am Ende dieses Kapitels aufgeführt und zur Lektüre wärmstens empfohlen.

Die Essenz des Qualitätsmanagement ist also, GENAU ZU WISSEN, warum man was tut und was welchen Effekt hat, um dann Bedingungen gezielt zu ändern. Genau das sollte auch getan werden, wenn es um die Umsetzung der IT-Sicherheit geht.

Oft überwiegt jedoch die Definition von Anforderungen („Was zu tun ist"). Das Qualitätsmanagement fordert jedoch, den Menschen zu helfen, ihre Arbeit besser auszuführen. Siehe Punkt 7 in Tab. 6 (oben). Wir benötigen also Arbeitsanleitungen („Wie etwas zu tun ist") und müssen die Bedingungen so gestalten, dass Qualität (IT-Sicherheit) hergestellt wird.

Um Qualitätsprobleme in der IT zu lösen, wurden Aufgabenbereiche definiert und in einzelne Tätigkeiten zerlegt, die nacheinander auszuführen sind. Das IT-Service-Management (ITSM) wurde geboren und in Form von ITIL® [15] und später ISO/IEC 20000 [3] beschrieben. ISO/IEC 20000 enthält allerdings keine echten Prozessbeschreibungen, liefert aber Material dafür. Für die IT-Sicherheit ist ähnliches nicht recht versucht worden, aber das ist auch nicht nötig. Die IT-Sicherheit benötigt keinen eigenen Herstellungsprozess, sie kann und sollte Teil der Bereitstellung der IT sein. Und dazu werden wiederum Prozesse benötigt, wie im nächsten Kapitel ausgeführt wird.

---

[15] IT Infrastructure Library®, eine Sammlung von vordefinierten Prozessen, Aktivitäten und Rollen entlang des Lebenszyklus von IT-Services, wobei die Betriebsphase besonders beachtet wird. ITIL und IT Infrastructure Library sind eingetragene Warenzeichen der Axelos Ltd.

7.2   IT-Sicherheit und Prozesse

Die Prozessorientierung ist noch nicht alt und ein Kind der industrialisierten Produktion. Die IT hat diesen Schritt erst etwa um die Jahrtausendwende vollzogen (nicht früher, eher etwas später). Deshalb lohnt es sich, kurz auf den Übergang zur industrialisierten Produktion insgesamt zu schauen. Frederick Taylor (1856–1915) analysierte Arbeitsmethoden und Abläufe und gliederte sie in einzelne Tätigkeiten, die jeweils genau beschrieben wurden. Er trennte die ausführende und die planende Arbeit. Henry Ford (1863-1947) perfektionierte die Fließbandproduktion beim Bau seiner Autos. Komplexe Arbeitsabläufe werden dabei in kleine Aktivitäten aufgespaltet, deren Ausführung vorgeschrieben und genauestens umzusetzen war. Das Fließband veranschaulicht auch die aufkommende Prozessorientierung. Doch erst Nordsieck und Henning entwickelten in den 1930er Jahren das Konzept einer prozessorientierten Organisation.

In den 1980er Jahren fand die Managementmethode Total-Quality-Management (TQM) Verbreitung. Sie ist eine Synthese diverser Methoden, die insbesondere W. Edwards Deming (1900-1993), Joseph M. Juran (1904-2008) und Kaoru Ishikawa (1915-1989) besteuerten, und dem Weg der kleinen Schritte (Kaizen). In Europa bzw. speziell Deutschland wird das Total Quality Management (TQM) vor allem in Form des EFQM-Modells der European Foundation for Quality Management (EFQM) umgesetzt. Auch in diesem Modell sind Prozesse wichtige Elemente des Qualitätsmanagements.

Viele Organisationen bauen ihr Information Security Management System (ISMS) nach ISO/IEC 27001 [4] auf und integrieren die Umsetzung dieses Standards in Form eines Sicherheitsmanagementprozesses in die betriebliche Organisationsstruktur. Das mag für die Aktivitäten zur Gewährleistung der Unternehmenssicherheit ausreichen und sinnvoll sein, für die Herstellung und Aufrechterhaltung der IT-Service-Security trifft dies aber nicht zu. Zu vielfältig und verschieden sind die einzelnen Aufgaben. Zudem sind sie verflochten mit diversen Aktivitäten für die Bereitstellung der IT-Services.

Das IT-Sicherheitsmanagement steht meist unter besonderem Druck: Defizite fallen erst dann auf, wenn es eventuell schon zu spät ist, sie zu beheben. Man muss also sehr proaktiv tätig sein. Dies wird wiederum dadurch erschwert, dass Ergebnisse eben nicht unmittelbar sichtbar sind. Ein Teufelskreis? Mindestens aber zeigt sich eine weitere Parallele zwischen „Qualität" und „IT-Service-Security".

Um diesem „Teufelskreis" zu entkommen, gibt es zwei Möglichkeiten:

- Kombinieren (Tätigkeiten bündeln) und

- Automatisieren (Aktivitäten selbsttätig ablaufen zu lassen).

Beim Kombinieren bindet man die Aktivität, die zur Qualität beiträgt, an eine andere, die dahingehend essentiell ist, dass sie sowieso oder mit hoher Wahrscheinlichkeit ausgeführt wird oder deren Ausbleiben auf jeden Fall auffallen würde. Zum

Beispiel kombiniert man eine qualitätsbezogene Aktivität (IT-Sicherheit) an eine zur Herstellung einer Basisfunktionalität (IT-Service ist verfügbar).

Automatisieren kann man als Sonderform des Kombinierens verstehen. Das Uhrwerk läuft und nimmt qualitätsbezogene Aktivitäten mit. Man eliminiert aber auch weitgehend die Abhängigkeit von der Verfügbarkeit, Motivation und Qualifikation der Belegschaft. Man muss sie für gute IT-Sicherheit also auch nicht ständig mit Bewusstseinsbildung (Awareness-Programmen) versorgen (siehe Punkt 10 in Tab. 6 oben).

Generell gilt im Qualitätsmanagement die Regel:

- Mit Hilfe von Prozessen lenken!

Die Anwendung dieser Prinzipien führt zu einer Lösung, die vielen IT-Sicherheitsexperten ungewohnt erscheint oder bei ihnen sogar auf Ablehnung stößt: Die IT-Leute sollen es richten! …Aber nicht ganz ohne Anleitung und Kontrolle.

7.3   Die Methode

Das Prinzip „Secured by Definition" (Definition auch in Kapitel 2.5) nutzt PROZESSE und primär das KOMBINIEREN (siehe oben) und setzt auf HILFESTELLUNGEN und SYSTEMVERÄNDERUNGEN statt auf Anforderungen und Kontrollen:

Secured by Definition

Die Entwicklung, Umsetzung, Kontrolle und Verbesserung aller Maßnahmen zur Absicherung von IT-Services, IT-Systemen und IT-Komponenten wird in die Entwicklungs-, Bereitstellungs- und Betriebsprozesse der IT entlang des gesamten Lebenszyklus integriert. Das IT-SICHERHEITSmanagement und das *IT-SERVICE-Management* werden zusammengeführt, und die IT-Service-Security wird Teil der Entwicklungs-, Bereitstellungs- und Betriebsprozesse der IT.

IT-Sicherheit funktioniert nicht als heilendes Pflaster, das nachträglich verordnet und zur Anwendung gebracht wird. Natürlich muss man die Sicherheit schon ganz zu Anfang im Auge haben („Security by Design"). Doch das ist nicht ausreichend, weil heutige Bereitstellungsprozesse sehr vielschichtig sind und die Aktivitäten im Betrieb eine wichtige Rolle spielen. Der praxiserprobte Ansatz *„Secured by Definition"* betrachtet IT-Sicherheit als eine Qualität, die nicht durch Kontrollen und Korrekturen erzeugt wird, sondern dadurch, dass Menschen an jeder Stelle der Wertschöpfungskette vordefinierten Regeln folgen. Dazu ist ein Arsenal an Maßnahmen nötig.

Zunächst muss über die Arbeitsteilung gesprochen werden, also darüber, wer welche Aufgaben wahrzunehmen hat. Dies ist in der oberen Hälfte der Abb. 27 veranschaulicht.

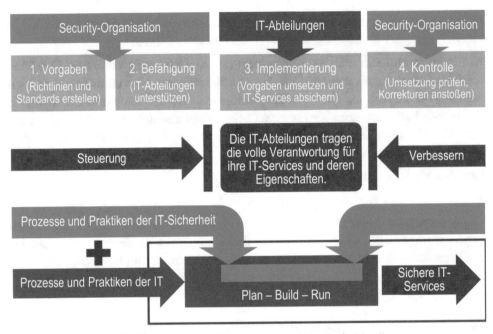

Abb. 27: Veranschaulichung „Secured by Definition"

Die IT-Abteilungen tragen die Verantwortung für die Qualität der von ihnen bereitgestellten IT-Services. IT-Sicherheit kann als eine Eigenschaft oder Qualität unter anderen angesehen werden. Die Herstellung und Aufrechterhaltung der IT-Service-Security fällt damit in die Verantwortung der „IT". Qualität muss als Teil des Entwicklungs-, Bereitstellungs- und Betriebsabläufe erzeugt werden und kann nicht nach außen delegiert und als heilendes Pflaster hinzugefügt werden.

Natürlich muss es eine zentrale IT-Security-Organisation geben, die ein übergreifendes Sicherheitsniveau definiert und für dessen Erreichung Sorge trägt. Abb. 27 zeigt die Aufgabenverteilung zwischen einer (zentralen) IT-Security-Organisation einerseits (Nr. 1, 2 und 4) und den IT-Abteilungen (Vertrieb, IT-Produktion, Service-Management usw.) andererseits (Nr. 3).

Dieses Modell (obere Hälfte der Abb. 27) ist eine wichtige Grundlage für „Secured by Definition". Die „IT-Abteilungen" (Nr. 3) erbringen verschiedene Leistungen, für deren Qualität sie jeweils verantwortlich sind. Wenn von der „IT-Security-Organisation" (siehe Abb. 27) die Rede ist, so verbirgt sich dahinter eine (zentrale) IT-Security-Organisation, die aber durchaus ihre lokalen Gliederungen haben kann.

HINWEIS: Der folgende Teil dieses Kapitels nutzt Text aus [5].

Das Modell funktioniert nur, wenn es bezüglich der IT-Sicherheit eine klare personelle, durch Rollen definierte Trennung zwischen 1, 2 und 4 einerseits und 3 anderseits gibt. Sicherheitsexperten sollen demzufolge auch nicht primär „Themen" zugeordnet sein, sondern „Aufgaben innerhalb von Themen" unter Beachtung des erwähnten Trennungsgebots. Dies ist wichtig, weil sonst die Gefahr besteht, dass die

„IT" ihre Verantwortung nicht wahrnimmt und die „IT-Security" diese nicht übernehmen kann und will, zum Beispiel weil sie allein zahlenmäßig dazu nicht in der Lage ist. Es besteht auch die Gefahr der Rückdelegation: Die „IT" (Nr. 3 in Abb. 27) wird von der kontrollierende Instanz (Nr. 4) auf die Notwendigkeit von Korrekturen hingewiesen. Doch statt die Korrekturen selbst durchzuführen, sieht sie dies als Aufgabe der Security-Organisation (Nr. 4) an. Dies widerspricht grundlegenden Managementprinzipien und ist nicht zielführend.

Prinzipien aus dem Qualitätsmanagement und Erfahrungen in der Industrialisierung der Produktion kann man so zusammenfassen:

A1 Die Arbeitsmethoden und die Abläufe müssen durch eine systematische Analyse bestimmt und nicht durch Tradition und Erfahrungswerte festgelegt werden.

A2 Die produzierende, manuelle Arbeit wird von der gestaltenden, gedanklichen Arbeit separiert. Es wird eine beste Methode entwickelt, die als Vorschrift für alle Arbeiter dient.

A3 Der Überwachung der produzierenden, manuellen Arbeit (durch das Management) kommt hohe Bedeutung zu.

A4 Es wird eine prozessuale bzw. eine Ablauforganisation benötigt zusätzlich zur vertikalen, produktorientierten.

A5 Qualität muss erzeugt und nicht nur kontrolliert werden. Das Management muss einen Rahmen definieren, der Qualität ermöglicht.

Auf die IT-Sicherheit übertragen, bedeutet dies folgendes: Eine systematische Analyse (vgl. A1) ist für die Qualität aller technischen, prozessualen und organisatorischen Sicherheitsstandards Voraussetzung. Dies soll durch die Trennung der Aufgabe Nr. 1 von den anderen unterstützt werden. Die Trennung von Gestaltung und Umsetzung (vgl. A2) wird durch Abtrennung der Aufgabe Nr. 2 erleichtert. Und es ist gängige Praxis (vgl. A3), die Überwachung als ein gesonderte Aufgabe zu sehen, die nicht mit den andern vermischt werden sollte. Neben der grundsätzlichen Aufbauorganisation werden Prozesse benötigt (vgl. A4). *Secured by Definition* nutzt die Prozesse des *IT-SERVICE-Managements* und erweitert sie um die IT-Sicherheit. Damit wird die IT-Service-Security Teil der Entwicklungs-, Bereitstellungs- und Betriebsprozesse der IT. Die Prozesse des *IT-Service-Managements* und ihre Erweiterungen für die IT-Service-Security bilden den von der Unternehmensführung vorgegebenen Rahmen (vgl. A5).

Das Prinzip „*Secured by Definition*" geht weit über das bekannte „Security by Design" hinaus, da letzteres einfach nur auf die Berücksichtigung von Sicherheitsanforderungen in nicht näher spezifizierte Entwicklungsprozesse verweist, während „Secured by Definition" das Sicherheitsmanagement in die IT-Service-Management-Prozesse integriert und diesen unterordnet.

Das traditionelle Design, das mit einem weißen Blatt beginnt und primär eine Anwendung mit dem zugehörigen IT-Stapel betrachtet, gibt es zudem kaum noch. Dies ist ein Grund, warum sich die Aktivitäten rund um die IT-Sicherheit zeitlich nach hinten verschieben, da zum Beispiel im Bereitstellungsprozess von Cloud-Diensten vorgefertigte Komponenten in verschiedenster Weise zu einem IT-Service zusammengefügt werden. Ein weiterer Grund besteht darin, dass die IT und ihre Absicherung alles andere als fehlerfrei ist und daher ständig nachgebessert werden muss. Auch stehen die Anforderungen an die IT-Sicherheit anfangs oft gar nicht so klar fest bzw. sie müssen sich stets den veränderten Gegebenheiten anpassen. Die IT ändert sich aufgrund der veränderten Geschäftsprozesse, was Änderungen an der IT-Sicherheit nach sich zieht. Und die IT-Sicherheit muss neuen Bedrohungen folgen.

7.4   Umsetzung

Das Systems von Prozessen, wie es ISO/IEC 20000 [3] definiert, ist in Abb. 28 dargestellt. Viele dieser Prozesse (Abfolge von Aktivitäten, die eine gemeinsamen Zweck verfolgen) müssen nach dem Prinzip *Secured by Definition* um Aspekte der IT-Sicherheit erweitert werden. Sowohl ITIL als auch ISO/IEC 20000 bleiben aber sehr vage und machen kaum Aussagen zur IT-Sicherheit.

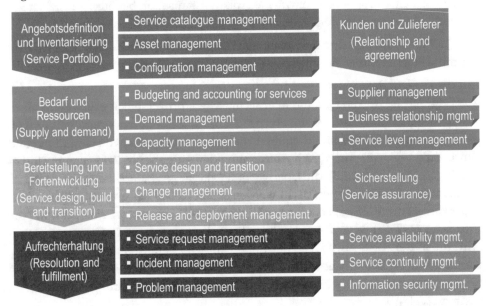

Abb. 28: Grundsätzliche Struktur der ITSM-Prozesse nach ISO/IEC 20000 [3] (Quelle: [6])

Es folgen einige Beispiele, die zeigen sollen, wie die notwendigen Erweiterungen aussehen können.

Vorfallbearbeitung (Incident Management)

- Es muss möglich sein, in den Tickets kenntlich zu machen, dass es sich um einen Sicherheitsvorfall handelt, und es müssen Kategorien zur Auswahl stehen, die die Art des Sicherheitsvorfalls zu charakterisieren gestatten. Vordefinierte Kategorien statt Freitext sind nicht nur erforderlich, um spätere Auswertungen vornehmen zu können, sondern unterstützen und beschleunigen vor allem die Bearbeitung des Vorfalls, indem Thema, Ursache und dergleichen schnell erfassbar sind. So werden Uneindeutigkeiten und die Notwendigkeit für Interpretationen frühzeitig eliminiert. Die Kategorien erleichtern es auch, einen Vorfall einem bestimmten Team zur weiteren Bearbeitung zuzuweisen.
- Es muss möglich sein, die Schwere oder Dringlichkeit der Bearbeitung des Sicherheitsvorfalls durch Auswahl auf einer vordefinierten Skale einzuschätzen. Diese Einschätzung ist notwendig, um zu verhindern, dass weniger wichtige Vorfälle die Bearbeitung besonders dringlicher Fälle verzögern. Es sind ja immer nur begrenzte Ressourcen vorhanden. Die Bewertung der Schwere oder Dringlichkeit bezieht sich auf den Verlust der Vertraulichkeit, Integrität oder Verfügbarkeit und bezieht nach Möglichkeit die Abhängigkeit der Anwender ein.
- Es muss für relevante Gruppen möglich sein, einen Sicherheitsvorfall zu melden, sodass dieser dann auch nachverfolgt und bearbeitet wird. Zu den relevanten Gruppen gehören zum Beispiel Ansprechpartner für Kunden und das Betriebspersonal. Wenn automatische Prozesse einen Sicherheitsvorfälle „melden" (registrieren), muss sichergestellt sein, dass diese wie oben beschrieben kategorisiert und priorisiert werden und dann bearbeitet werden können.
- Bezüglich der Zuweisung der Tickets wird empfohlen, zwischen Verantwortlichkeit und Fachkompetenz zu unterscheiden und zu ermöglichen, für beides Personen oder Teams (assignment groups) auszuwählen.

Änderungen (Change Management)

- Es muss Standard sein, die Quelle der Anforderung anzugeben. Bei Schwachstellen (vulnerabilities) in IT-Produkten und IT-Komponenten sind das Referenzen auf CERT Advisories (Meldungen von CERT-Informationsdiensten) meist in Form einer CVE-Nummer. Das ermöglicht es, weitere Informationen einzuholen zum Beispiel bei der Überprüfung und Freigabe des Change.
- Jeder Change wird grundsätzlich immer hinsichtlich möglicher Implementierungsrisiken geprüft und freigegeben. Die Freigabe darf nicht erfolgen, wenn Zweifel bestehen können, dass der Anforderer IT-Sicherheitsaspekte nicht bedacht hat, wie zum Beispiel Auswirkungen auf die IT-Sicherheit, Einhaltung von anzuwendenden Standards, vertragliche Verpflichtungen usw. Dies gilt insbesondere für große Änderungen und solche, die im Rahmen eines Releases gebündelt wurden.

- Vor der Freigabe (durch ein so genanntes Change Advisory Board) muss es möglich und ausdrücklich vorgesehen sein, Sicherheitsexperten hinzuzuziehen, sofern dies erforderlich scheint.
- Die obige Vorgehensweise muss auch im Falle von Emergency Changes (zeitkritischen Änderungen) funktionieren und dafür in eventuell modifizierter Form Anwendung finden. Die Anforderung eines Emergency Change erfolgt meist durch Übergabe eines entsprechend priorisierten Incident-Tickets. Durch Emergency Changes werden zum Beispiel sogenannte Hot-Fixes implementiert.

Problembearbeitung (Problem Management)

- Es sollte möglich sein, das Problem bzw. das Ticket einem Thema zuzuordnen, indem eine vordefinierte Kategorie ausgewählt wird. Das erleichtert es, den Bearbeiter bzw. das entsprechende Team (assignment group) zu identifizieren und das Ticket zuzuweisen.
- Bezüglich der Zuweisung der Tickets wird empfohlen, zwischen Verantwortlichkeit und Fachkompetenz zu unterscheiden und zu ermöglichen, für beides Personen oder Teams (assignment groups) auszuwählen. Hilfreich ist es auch hier, dass aus dem Ticket zweifelsfrei hervorgeht, dass es (auch) um IT-Sicherheit geht, was durch Auswahl einer entsprechenden Kategorie einfach möglich ist.
- Auch hier wird eine Priorisierung empfohlen um zu verhindern, dass die Suche nach Ursachen und Lösungen für weniger wichtige Fälle die Bearbeitung von wichtigeren Fällen verzögert.
- Es sollte möglich sein, Problem zu adressieren (Tickets zu öffnen), auch wenn noch keine Schaden eingetreten ist oder wahrscheinlich eintreten kann. Dieses proaktive Problem-Management basiert also nicht auf einem Sicherheitsvorfall.

Release and Deployment Management

- Gängige Standards des IT-Service-Managements erwähnen das „Patchen" kaum oder gar nicht und beschreiben auch nicht, was hierfür alles nötig ist. Das ist erstaunlich, weil diese Mängelbeseitigung durch Aktualisierung der Software beinahe täglich notwendig zu sein scheint. Es ist also notwendig, eine Patch-Prozedur zu definieren, die aus Elementen wie dem Einsammeln, der Qualitätsprüfung, der Paketierung, der Terminierung, dem Testen und der Initiierung der Änderung (durch einen Change) umfasst.
- Es müssen Fristen für die Aktualisierung von Systemen (mittels Patchen) definiert werden. Diese sind für verschiedene Fälle in Form von *Operational Level Agreements (OLA)*, also von Vereinbarungen auf Betriebsebene, festzulegen. Andernfalls können keine Service Level Agreements (SLA) für Kunden definiert werden. Das gleiche gilt auch für andere Änderungen.
- Es muss vorgesehen sein, dass Kunden (Anwenderorganisationen) über eventuelle Ausfallzeiten (downtimes) infolge von Aktualisierungen informiert werden und, falls vertraglich vereinbart, auch ihre Zustimmung geben müssen.

- Bevor ein neues Release freigegeben wird, muss durch ein entsprechendes „Board" geprüft werden, ob die Anforderungen an die IT-Sicherheit erfüllt sind und bleiben.

Ausführlicher Beschreibungen und Beispiele in deutscher Sprache findet man in einem anderen Buch des Autors [7].

In den Prozessen Incident-, Problem- und Change-Management ist für die Umsetzung von *Secured by Definition* also zusammenfassend Folgendes umzusetzen:

- In jedem Ticket muss angegeben werden können, dass es sich auf die IT-Sicherheit bezieht,
- Es muss möglich sein, eine IT-Sicherheitskategorie zu wählen,
- Es muss möglich sein, das Ticket anhand einer für IT-Sicherheitsfälle geeigneten Metrik zu priorisieren.
- Es werden Hinweise gegeben, wie im Falle eines IT-Sicherheitsvorfalls, -problems oder eines Change zu verfahren ist.

Dies sind die vielleicht wichtigsten Hauptprozesse. Natürlich müssen auch andere Prozesse erweitert und ergänzt werden, um den Anforderungen der IT-Sicherheit Rechnung tragen zu können. In diesem als Kompendium konzipierten Buch wollen wir es im Wesentlichen bei den ausgeführten Beispielen belassen und nur noch einen weiteren Bereich hinzufügen:

Business Relationship Management

- Dieser Prozess bezieht sich auf die geschäftlichen Aspekte und gestaltet die Beziehung des IT-Dienstleisters zu seinen Kunden, also zu Anwenderorganisationen. Der IT-Dienstleister soll das geschäftliche Umfeld mit seinen Anforderungen verstehen. Dies erfordert, dass sich der IT-Dienstleister aktiv mit nationalen, internationalen oder industriespezifischen Normen, Standards, gesetzlichen Regelungen und dergleichen auseinandersetzt, wie das im Rahmen des → *Endorsement Frameworks* geschehen soll, das eine Art Anforderungsmanagement (Demand Management) darstellt.
- Das Beziehungsmanagement beginnt mit der Geschäftsanbahnung. Marketing und Vertrieb müssen entsprechend auf den Verkauf von IT-Service-Security eingestellt werden und mit dem vorhandenen → *Assurance Material* arbeiten. Vertragsabschlüsse müssen ebenfalls auf diesen Materialien basieren.
- Neue Kunden (Anwenderorganisationen) fangen in der Regel nicht bei null an, sondern bringen Daten und auch Anwendungen mit, die in die Infrastruktur des neuen IT-Dienstleisters migriert werden müssen. Hierbei sind Maßnahmen für die Sicherstellung der IT-Sicherheit in dieser Übergangsphase nötig, die entsprechend definiert werden müssen.
- Das Beziehungsmanagement umfasst aber auch die Interaktion in der Betriebsphase. Hier sind Regelungen zu treffen, wie Vertragsänderungen und große Verbesserungsprojekte gehandhabt werden. (Die Interaktion bei der Behand-

lung von Vorfällen, Problemen und dergleichen wird dagegen in den speziell dafür vorgesehenen Prozessen behandelt.)

Die Interaktionen zwischen der Anwenderorganisation und dem IT-Dienstleister und die dafür notwendigen Schnittstellen und Prozesse sind vielfältig und betreffen den gesamten Lebenszyklus der Geschäftsbeziehung, jedoch mehr, als nur die geschäftliche Beziehung. Der Organisation und den Prozessen, den Themen und Aufgabenbereichen, den Schnittstellen und Rollen, sowie der Interaktion und den Einzelaufgaben hat der Autor ein ganzes Buch zum *Joint Security Management (JSM)* gewidmet [7].

Der Ansatz *Secured by Definition* integriert die IT-Service-Security in die Produktions- oder Bereitstellungsprozesse der IT-Services. Letztere können so gestaltet sein, wie in ISO/IEC 20000 [3] beschrieben und oben in Abb. 28 dargestellt. Das in diesem Buch beschriebene Modell oder Metasystem (ESARIS) für die IT-Service-Security nutzt die in Kap. 5 beschriebene *Taxonomy*. Sie strukturiert die relevanten Prozesse bzw. Praktiken etwas anders. Abb. 29 zeigt Beziehungen zwischen den Bereichen aus ISO/IEC 20000 (gemäß Abb. 28) einerseits und der *Taxonomy* für die IT-Service-Security andererseits.

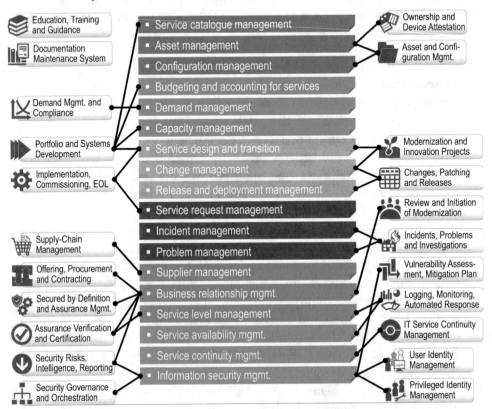

Abb. 29: Wichtige Beziehungen zwischen der Taxonomy (aus Kap. 5) und der Struktur der ITSM-Prozesse aus ISO/IEC 20000 (gemäß Abb. 28)

Die obere Hälfte der in Kap. 5 beschriebene *Taxonomy* enthält diverse Bereiche, die alle relevanten Praktiken entlang des Lebenszyklus der Geschäftsbeziehung zwischen Anwenderorganisation und IT-Dienstleister enthalten einschließlich aller Praktiken für den Entwurf, die Implementierung, den Betrieb und die kontinuierliche Reparatur und Verbesserung der IT-Services. Außerdem betreffen die links und rechts in Abb. 29 wiedergegebenen Bereiche sowohl den IT-Dienstleister als auch die Anwenderorganisation (den Kunden). Für die IT-Service-Security besonders wichtige Aspekte sind besonders hervorgehoben und nicht einfach in einem Bereich „Information Security Management" subsummiert. All dies unterscheidet den Ansatz in der *Taxonomy* von dem in ISO/IEC 20000 und liefert auch Gründe dafür, dass in der oberen Hälfte der *Taxonomy* nicht einfach die Prozesse aus ISO/IEC 20000 verwendet werden.

Abb. 29 zeigt daher keine Zuordnung in Richtung Äquivalenz oder Gleichheit. Die Abbildung soll die Orientierung erleichtern und zeigt, welche Prozesse aus ISO/IEC 20000 durch welche Praktiken der *Taxonomy* für IT-Service-Security im Sinne von *Secured by Definition* erweitert werden müssen.

7.5   Vorteile und Schlussbemerkungen

Bisher wurde überwiegend auf die Notwendigkeit verwiesen, IT Sicherheits- und IT-Service-Management zu integrieren und mit den Erfahrungen aus dem Qualitätsmanagement argumentiert. Durch die Umsetzung des Ansatzes *Secured by Definition*, Grundidee und -konzept aus früheren Versionen der Sicherheitsarchitektur ESARIS, können Organisationen aber auch erheblich profitieren. Die Hauptargumente sind:

- IT Service Management und IT Security Management sind keine parallelen Prozesse mehr, sodass
  - sie sich nicht gegenseitig behindern,
  - die Prozesslandschaft einfacher wird und damit leichter zu pflegen ist,
  - weniger Personal (z. B. Ticket Agents) benötigt wird.
- Oft kann man ohnehin nicht zwischen IT-Sicherheit und IT-Funktionalität/Qualität unterscheiden (z. B. Hardening, Incident, Patch). Das bedeutet Folgendes:
  - IT-Experten (Architekten, Administratoren, Ingenieure) müssen die IT-Sicherheitsmaßnahmen ohnehin (weitgehend oder vollständig) betreuen, umsetzen und reparieren.
  - IT-Experten sind es gewohnt, die IT-Service-Management-Prozesse (ITSM) zu befolgen. Es wäre problematisch und nicht effizient, wenn sie parallel ein anderes Modell für die IT-Sicherheit befolgen müssten.
- Wenn die IT-Experten die IT-Sicherheitsmaßnahmen umsetzen, können sich die IT-Sicherheitsexperten auf Folgendes konzentrieren:

- auf die Ausarbeitung von Sicherheitsrichtlinien (die das Niveau der IT-Sicherheit definieren),
- die Bereitstellung von Anleitungen und Schulungen (um die IT-Experten in die Lage zu versetzen, die IT-Sicherheit umzusetzen) sowie
- auf die Überwachung der Umsetzung, die Messung des erreichten Niveaus der IT-Sicherheit und die Bereitstellung von Feedback für Verbesserungen.

Diese Arbeitsteilung macht die Bereitstellung von IT-Diensten effektiver und effizienter. Die IT-Sicherheit ist nicht länger die Ursache für Verzögerungen und ein Hindernis für die IT.

- Die IT-Sicherheit wird in die Nähe der IT-Kernkompetenzen (und des Kerngeschäfts) gerückt. Daher sind weniger Reibungsverluste zu erwarten, und die IT-Sicherheit wird tatsächlich bewältigt und kontinuierlich verbessert.

- IT- und IT-Sicherheitsexperten sind häufig zur Zusammenarbeit verpflichtet. Die Integration fördert das gegenseitige Verständnis, und beide Parteien beginnen, die gleiche Sprache zu sprechen.

- Die IT-Sicherheit erhält (zum Beispiel mit ISO/IEC 20000 [3]) ein erprobtes und bewährtes Prozessmodell für den Entwurf, die Implementierung, den Betrieb und die kontinuierliche Reparatur und Verbesserung. Bisher gibt es kein vergleichbares, durchgängiges Prozessmodell für die IT-Informationssicherheit bzw. IT-Sicherheit.

Die letzte Anmerkung zu den Prozessen wollen wir etwas weiter verfolgen. Gibt es wirklich kein Prozessmodell für die IT-Sicherheit? Der aus dem Qualitätsmanagement übernommene PDCA-Zyklus wurde aus der ISO/IEC 27001 [4] wieder entfernt und ist nicht so vollständig und weithin akzeptiert wie ISO/IEC 20000 [3] und ITIL für das IT-Service-Management (ITSM). Das NIST hat in Form des „Cybersecurity Frameworks" [8] ab 2015 ein einfaches Modell eingeführt, das zwar fünf Schritte definiert, die jedoch „gleichzeitige und kontinuierliche Funktionen" darstellen und nicht die Form eines Prozessmodells haben.

Aber mit ISO/IEC 27013 [9] gibt es einen Standard, der Leitlinien für die integrierte bzw. gemeinsame Umsetzung von ISO/IEC 27001 [4] und ISO/IEC 20000-1 [3] liefert. Dieser Standard weist auf Vorteile für Organisationen hin wie bessere Glaubwürdigkeit nach außen, Kosteneinsparung und Effizienz, Beseitigung unnötiger Doppelarbeit und besseres gegenseitiges Verständnis der beiden Bereiche. Sehr ausführlich beschreibt der Standard, wie die Implementierung beider Systeme (nacheinander oder zeitgleich) vorbereitet und geplant werden kann. Beim Szenario der Integration beider Systeme bleibt das Papier aber recht vage. Im Wesentlichen werden Gemeinsamkeiten und Unterschiede analysiert. Eine Nutzung der IT-Service-Management-Prozesse für die Sicherstellung der IT-Sicherheit (wie bei „Secured by Definition") wird nicht beschrieben und ist wohl auch nicht Ziel des Standards.

Literaturverzeichnis

Referenzen (Quellen)

[1] The W. Edwards Deming Institute, DemingNext, https://deming.org/explore/fourteen-points/; abgerufen am 9. Juni 2023

[2] W. Edwards Deming: Out of the Crisis; MIT Press, 524 Seiten, ISBN-13: 978-0-2622-9718-9

[3] ISO/IEC 20000 – Information technology – Service management – Part 1: Service management system requirements, Part 2: Guidance on the application of service management systems

[4] ISO/IEC 27001 – Information technology – Security techniques – Information security management systems – Requirements

[5] Eberhard von Faber: Methoden: „Secured by definition" und die Umsetzung von Prinzipien aus dem Qualitätsmanagement, Durchgängige IT-Sicherheit durch Integration in die IT-Produktionsprozesse; in: Datenschutz und Datensicherheit - DuD, 43(7), Juli 2019, Springer Fachmedien, Wiesbaden 2019, ISSN 1614-0702, pp 410-417; https://doi.org/10.1007/s11623-019-1136-0 (SharedIt: https://rdcu.be/bGy3r)

[6] Eberhard von Faber: IT und IT-Sicherheit in Begriffen und Zusammenhängen, Thematisch sortiertes Lexikon mit alphabetischem Register zum Nachschlagen; Springer Vieweg, Wiesbaden 2021, 289 Seiten, 64 farbige Abbildungen, ISBN 978-3-658-33430-7, https://doi.org/10.1007/978-3-658-33431-4

[7] Eberhard von Faber and Wolfgang Behnsen: Joint Security Management: organisationsübergreifend handeln (Mehr Sicherheit im Zeitalter von Cloud-Computing, IT-Dienstleistungen und industrialisierter IT-Produktion); Springer Vieweg, Wiesbaden 2018, 246 Seiten, 60 farbige Abbildungen, ISBN 978-3-658-20833-2, https://doi.org/10.1007/978-3-658-20834-9

[8] NIST (National Institute of Standards and Technology): Framework for Improving Critical Infrastructure Cybersecurity; Version 1.1; April 16, 2018; https://www.nist.gov/cyberframework

[9] ISO/IEC 27013 – Information security, cybersecurity and privacy protection – Guidance on the integrated implementation of ISO/IEC 27001 and ISO/IEC 20000-1

Weitere Literatur (Empfehlungen)

[10] Edward Russel-Walling: 50 Schlüsselideen Management; Spektrum Akademischer Verlag, Heidelberg, 2011, ISBN 978-3-8274-2636-9, 207 Seiten

[11] IT Process Wiki - das ITIL®-Wiki: Das Wiki zur IT Infrastructure Library ITIL® (ITIL 4, V3 und V2) und zu IT-Service-Management (ITSM):

https://wiki.de.it-processmaps.com/ (Deutsch) und https://wiki.en.it-process-maps.com/ (Englisch)

[12]   Kapitel 5 und 12 in: Eberhard von Faber and Wolfgang Behnsen: Secure ICT Service Provisioning for Cloud, Mobile and Beyond (ESARIS: The Answer to the Demands of Industrialized IT Production Balancing Between Buyers and Providers); Springer Vieweg, Wiesbaden 2017, pages 382, figures 159, ISBN 978-3-658-16481-2, 2nd updated and extended Edition, https://doi.org/10.1007/978-3-658-16482-9

[13]   Eliyahu M. Goldratt, Jeff Fox: Das Ziel, Ein Roman über Prozessorientierung; Campus, Verlag, Frankfurt am Main, 2008, ISBN 978-3-593-38568-6

[14]   Eliyahu M. Goldratt: Das Ziel Teil II, Die Fortsetzung des Weltbestsellers; Campus, Verlag, Frankfurt am Main, 2007, ISBN 978-3-593-38617-1

[15]   Gene Kim, Kevin Behr, George Spafford: Projekt Phoenix, Der Roman über IT und DevOps; O'Reilly Verlag, 2015, ISBN 978-3-95875-175-0

ELEKTRONISCHES ZUSATZMATERIAL
Die Abbildungen sind als PowerPoint-Datei
über https://link.springer.com/ auf der Seite des eBooks abrufbar.

8   Wahrnehmung, Wissen, Kompetenzen

Wollen Sie hier arbeiten? Wollen Sie sich hier engagieren? Abb. 30 zeigt Nachrichten zur IT-Sicherheit aus einer knappen Arbeitswoche. Die Nachrichten deuten auf Sisyphusarbeit hin und einen Kampf, den man nicht gewinnen kann. Geht es geht um Landesverteidigung oder Polizeiarbeit? Muss man starke Nerven haben? Muss man rund um die Uhr arbeiten, wenn Erpresser, die Cybergruppe oder die Spyware gerade zuschlagen?

Abb. 30: IT-Sicherheitsnachrichten einer knappen Arbeitswoche ([1], bearbeitet)

Auch wenn die Nachrichten weder ein realistisches noch ein vollständiges Bild vermitteln, das Thema IT-Sicherheit hat seine Besonderheiten. Wie nehmen wir die Anforderungen der IT-Sicherheit wahr? Was müssen wir wissen? Was sollten wir können? Dies sind die Themen des folgenden Essays am Ende dieses Buches.

Ergänzende Information Die elektronische Version dieses Kapitels enthält Zusatzmaterial, auf das über folgenden Link zugegriffen werden kann https://doi.org/10.1007/978-3-658-41933-2_8.

© Der/die Autor(en), exklusiv lizenziert an
Springer Fachmedien Wiesbaden GmbH, ein Teil von Springer Nature 2023
E. von Faber, *IT-Service-Security in Begriffen und Zusammenhängen*,

8.1   Wahrnehmung

Vertraulichkeit und Unumkehrbarkeit

Eigentlich ist es ganz einfach. Wurden persönliche Informationen gestohlen oder erschlichen bzw. gingen sie einfach verloren, so ist die Privatsphäre verletzt. Man kann sie nicht wieder herstellen. Wurden Geschäftsgeheimnisse gestohlen, so ist auch dies nicht umkehrbar, wenn sie in die Hände derer gelangten, die sie für die eigene Geschäftstätigkeit verwenden wollen. Da man ungeschützte Daten beliebig kopieren kann, fehlt dem rechtmäßigen Besitzer zwar nichts, aber Andere haben sie eben auch. Sie sind in einen Bereich gewandert, den man noch weniger kontrollieren kann, als seinen eigenen. Die Wunden bleiben so lange, bis die Informationen ihre Bedeutung und ihren Wert verloren haben. Und das kann dauern. Aktive Reparatur ist nicht möglich. Ersatz zu schaffen, auch nicht.

Einbrüche in Computersysteme und der Diebstahl von Daten fallen aber auch auf den rechtmäßigen Besitzer zurück. Wie konnte er dies zulassen? Wurden die Systeme nicht ausreichend geschützt? Wurde gar fahrlässig gehandelt? Schnell kann eine Organisation als unzuverlässig gelten, die Einbruch und Datendiebstahl erleiden musste. Ob zu Recht oder nicht: die Reputation leidet. Auch wenn Wilhelm Busch dichtet "Ist der Ruf erst ruiniert, lebt es sich ganz ungeniert." - der Reputationsverlust ist ebenfalls nicht einfach umkehrbar. Eine Reputation aufzubauen ist immer aufwendiger und langwieriger als sie zu verlieren. Verlässlichkeit und Vertrauenswürdigkeit sind zudem die wichtigsten Währungen im Geschäftsleben. Während es im Privaten als menschliche Tugend zählt, Fehler zu verzeihen und einen Neuanfang zuzugestehen, gilt dies im Geschäftsleben nur eingeschränkt. Halten Geschäftsbeziehungen den Belastungen nicht Stand, entsteht wirtschaftlicher Schaden, der unumkehrbar ist, wenn die Firma insolvent wird.

Vertraulichkeit und Wahrnehmung

Beim „Abfluss von Daten" handelt sich um ein Phänomen, das in der Menschheitsgeschichte im täglichen Leben des Einzelnen kaum eine Rolle spielte und das uns deshalb fremd und unzugänglich erscheint. Natürlich hatten die Menschen auch früher Geheimnisse. Der klassische Tratsch lebt auch heute noch davon. Aber deren Weitergabe war auf unmittelbare, persönliche Kontakte beschränkt. Und, noch wichtiger, das Vergessen wirkte und wirkt bereinigend und repariert die Indiskretion zumindest auf längere Sicht. Ist erst Gras über die Sache gewachsen, erscheint alles wie früher. Heute ist die Weitergabe nicht auf persönliche Kontakte beschränkt. Die Daten können in den (a)sozialen Netzwerken für jedermann einsichtbar sein. Auch vergessen die Computersysteme nichts. Es legen sich zwar immer neue Sedimentschichten über die alten Daten und verdecken sie; aber vorhanden sind sie immer noch.

Es ist also nicht so einfach: Wir Menschen haben kein wirkliches Gespür für verlorene Daten. Denn nichts wird knapp, wenn sie gestohlen wurden; wir haben sie ja noch. Der Verlust ist erst einmal nicht spürbar. Nur indirekt kann sich die Wirkung des Diebstahls zeigen. Auch ist es so, dass es uns schwerfällt, den Wert von Daten zu messen. Im Gegensatz dazu hat ein Fernseher einen Zeitwert, der sich aus seinem Anschaffungspreis, dem Datum zu Kaufs und dem Preis aktuell erhältlicher, vergleichbarer Produkte ergibt. Auch Bananen haben wir käuflich erworben. Das gleiche gilt für eher unsichtbare Dinge wie 10 Kilowattstunde Strom (Energie) oder 100 Gigabyte Daten im Mobilfunknetz.

Kann man den Zeitwert oder Wiederbeschaffungswert von Daten bemessen, wenn sie eigentlich gar nicht weg sind, sondern nur gestohlen wurden? Können wir den Angreifern, die Daten verschlüsseln, um Lösegeld zu erpressen, im Grunde dankbar sein, weil sie einen echten Verlust androhen bzw. erlebbar machen? Steigert diese Angst die Bereitschaft, für adäquate IT-Sicherheit zu sorgen?

Integrität

Neben der Vertraulichkeit ist die Integrität die zweite Anforderung in der Informations- oder IT-Sicherheit. Die Unterscheidung ist hier nicht ganz unwichtig, weil man technische Komponenten und Systeme (also IT) prinzipiell reparieren oder wieder herstellen kann, wenn sie geändert, beschädigt oder manipuliert wurden. Bei elektronisch gespeicherten Informationen (Daten) funktioniert das nur, wenn man zum Beispiel eine weitere Kopie der Daten besitzt oder Informationen, die zur Wiederherstellung der ursprünglichen Information verwendet werden können.

Geht die Integrität verloren, wurden Daten also manipuliert, trifft uns das eher, weil wir befürchten, damit betrogen, ausgenutzt oder übervorteilt zu werden. Doch die meisten möglichen Missbrauchsszenarien sind zu komplex und übersteigen das Vorstellungsvermögen, weil es ja nicht um die Echtheit eines auf dem Tisch liegenden Papiers geht. Womit wir beim älteren Bruder der Integrität wären, der Authentizität (Echtheit). Viele Menschen erliegen schon bei einfachen Täuschungsversuchen (Phishing) der Neugier oder lassen sich durch die Gewohnheit leiten.

Integritätsverlust oder Fälschungen („Verlust der Authentizität") sind aber echte Probleme. Da ist etwas kaputt. Während uns körperliche Unversehrtheit fast alles zu bedeuten scheint, kümmert uns die Unversehrtheit der Bedeutungen recht wenig.

Verfügbarkeit

Nicht mehr da. Kaputt. Funktioniert nicht mehr. Das versteht jeder. – Denkt man. Das Problem besteht hier darin, dass dem Anwender die Ursache des Ausfalls relativ egal ist und er/sie sich einfach zu Recht beschwert. Dass die Ursache vielleicht auch beim Anwender liegen kann, wird nicht in Betracht gezogen. Verfügbarkeit ist eine Angelegenheit des Herstellers oder Dienstleisters. Sie wird als Lieferleistung vorausgesetzt und ist keine zweiseitige Angelegenheit.

Schwerer wiegt allerdings, dass wir uns an Fehler und Ausfälle in der IT gewöhnt haben, bzw. wir wurden an die mäßige Qualität der IT gewöhnt. Es gibt keine wirkliche Garantie (im Sinne einer Zusicherung), außer den Service-Level-Agreements (SLA) bei großen Geschäftskunden, und schon gar keine Haftung für Schäden, die durch Ausfälle und Fehlfunktionen verursacht wurden. Bei Flugausfällen und signifikanten Verspätungen gibt es dagegen einen rechtlichen Anspruch auf Entschädigung. Mehr noch, als die überwiegend von staatlichen Fluglinien (Airlines) betriebenen Flugzeuge in den Anfangsjahren der Passagierfliegerei immer wieder abstürzten und es viele Tote gab, wurden drastische Maßnahmen ergriffen. Heute gibt es rigide Auflagen und Kontrollen, die den gesamten Lebenszyklus eines Passagierflugzeugs betreffen. Entsprechend hat sich die Qualität der Flugzeuge dramatisch erhöht. Aktuell versuchen Staaten und die Europäische Union die Regulierung auch im Bereich der IT und ihrer Sicherheit wesentlich zu verstärken. So gibt es Regelungen für Betreiber kritischer Infrastrukturen. Ob dies zu einer Verbesserung der Qualität der IT insgesamt führen wird, bleibt abzuwarten.

Verantwortlichkeit

Man kann die Verantwortlichkeit als vierte Anforderung in der Informations- oder IT-Sicherheit verstehen. Hier geht es darum, dass Handlungen oder Ergebnisse von Handlungen eindeutig auf eine identifizierbare Entität zurückgeführt und ihr zugeordnet werden können. In der oft als „analog" bezeichneten Welt, also als Informationen und Daten entweder unmittelbar kommuniziert oder mit Hilfe physischer Träger gespeichert und kommuniziert wurden, war dies noch einfach, auch wenn es nicht immer wirklich gelang. Doch die „Digitalisierung", also die maschinelle Speicherung und Verarbeitung von Informationen und Daten hat vieles sehr grundlegend verändert; und die größten Änderungen stehen wohl noch bevor.

Das Problem hinsichtlich der Zurechenbarkeit (Wer ist verantwortlich?) entsteht dadurch, dass die Kommunikation mittelbar (vermittelt) wird. Diese Aufgabe übernehmen Maschinen (Computer) deren Funktionsweise (Programmierung) kaum jemand versteht. Die Computer bzw. deren Programme übernehmen auch die Verarbeitung der Informationen und Daten, und oft ist auch nicht ersichtlich, wo sie gespeichert und verarbeitet werden. Die Herstellerlabel der Geräte und der Software auf unseren Bildschirmen sind kaum eine Hilfe. Wer sich also die Frage stellt, wer wofür verantwortlich ist, sieht sich schnell mit viel mehr Fragen konfrontiert als Antworten zu finden sind. Das frustriert. Technische Lösungen zum Beispiel für die sichere Übertragung von Emails mit Herkunftsnachweis werden mit technischen und unanschaulichen Fachbegriffen erklärt und sind nicht einfach zu bedienen, sodass ihre Nutzung oft ausbleibt oder, wie bei Webseiten, nur teilweise erfolgt.

Vertauschung und das schlechte Image der IT-Sicherheit

Die Darlegungen zeigen auf, dass es die IT-Sicherheit schwer hat, erklären können sie dies vielleicht nicht ganz. Sind nicht Vertrauen, Verlässlichkeit und manchmal auch Verschwiegenheit die Grundlage funktionierender persönlicher und geschäftlicher Beziehungen? Warum tun wir uns dann so schwer mit der IT-Sicherheit?

Erstens ist Sicherheit selbst ein abstrakter Begriff mit vielen Bedeutung, die wiederum viele Nuancen haben können. Wir reden ja meist nicht von Vertraulichkeit, Verfügbarkeit und Verantwortlichkeit und noch weniger von Verschwiegenheit, Vertrauenswürdigkeit, Verlässlichkeit und Redlichkeit, also von Eigenschaften, die mehr oder minder intuitiv verständlich sind. Zweitens ist Sicherheit negativ konnotiert. Man hat vielleicht ein sicheres Gefühl (positiv), aber eher bringt man sich in Sicherheit (entzieht sich der Gefahr – negativ). Das verstärken die IT-Sicherheitsverantwortlichen noch dadurch, indem sie vor allem vor den Gefahren durch mangelnde Sicherheit warnen. Aber jeder kennt lästige Sicherheitskontrollen in Gebäuden und Flughäfen, Sicherheitsvorschriften für den Brandschutz und die Diskussion über die nationale Sicherheit, für die vor allem Daten erhoben werden, und über die internationale Sicherheit, wo es um Waffen und mögliche Kriege geht.

8.2 Wissen und Kompetenzen

Bei der Wissensvermittlung herrscht die Vermittlung von Wissen über Schadensszenarien und die „Hacker" vor, könnte man meinen. Diese Sensibilisierung ist wohl oft notwendig, aber motivierend ist sie meist nicht. Ein lohnendes Ziel wird nicht verkündet und folgerichtig wird die IT-Sicherheit als zusätzliche Anforderung und Last empfunden. In einer Gesellschaft, die immer mehr auf Motivation setzt und immer weniger auf Autorität und Pflicht, ist dies verhängnisvoll. Die Organisatoren der „Awareness-Kampagnen" sollten darüber einmal nachdenken.

Doch natürlich wird auch viel getan, um zu erklären, wie Systeme sicher konfiguriert (gehärtet) werden und dergleichen. Anwender erfahren, wie sie ihre Computer pflegen und wie sie sich generell schützen und verhalten sollen. In den IT-Organisationen wird dagegen, so die Beobachtung des Autors, oft zu wenig und in die falsche Richtung getan. Es geht hier erstens wieder um die Ertüchtigung der Angestellten im Allgemeinen (d.h. mit allgemeinen Informationen) sowie zweitens vorrangig um das IT-Sicherheitspersonal. Dabei liegen der große Hebel und die Notwendigkeit, sich mit IT-Sicherheit zu beschäftigen, beim IT-Personal. Zum einen wird (vom IT-Sicherheitspersonal) oft unterschätzt, was ausgebildetes IT-Personal über die IT-Sicherheit weiß und in der Regel auch praktisch umsetzt. Fehlt es hieran dagegen, so muss primär das IT-Personal geschult werden. Zum anderen wird dem IT-Personal auch manchmal zu wenig zugetraut und abverlangt. Haben die IT-Sicherheitsleute Angst, nicht gebraucht zu werden? Unverständlich, denn es gibt genug zu tun. Wenn „die IT" nicht ausreichend für die IT-Sicherheit sorgt, dann liegt das vielleicht an mangelndem Wissen, meist aber an fehlenden Vorgaben (Wie und nicht nur Was), Rahmenbedingungen (Wer, Wann, Wo) und Ressourcen.

„Das sind eben Vorgaben". „Das ist wegen der Compliance". „Unsere Kunden brauchen das". All dies sind keine ausreichend qualifizierten Aussagen. Stattdessen sollte man sich um Klarheit und Direktheit bemühen und folgendes sollte im Vordergrund stehen: 1. Wo will man hin? 2. Was soll konkret getan und erreicht werden? 3. Und warum? Das vernünftig zu formulieren und zu kommunizieren, ist vielleicht das Wichtigste überhaupt. Ziele setzen, Rahmenbedingungen schaffen und Aufgaben beschreiben, sowie Begründungen liefern. Mindestens das letzte wird oft vergessen oder damit verwechselt, Ziele zu definieren. Und oft sind die Ziele auch zu allgemein (Wir sollen die Nummer 1 sein... Wir wollen wachsen... usw.).

Stolz auf das selbst Erreichte zu sein, Werte geschafft oder Probleme nachhaltig gelöst zu haben, das sind Dinge, die anspornen. Entsprechend muss man kommunizieren und die Anreize setzen.

Doch was sollten wir fördern? Wen brauchen wir? Welche Kompetenzen sollten entwickelt werden? Wie wäre es mit den folgenden Eigenschaften bzw. Kompetenzen?

> Entscheidungsfreudigkeit, Zuhören, Moderation, Kommunikationsstärke, Problemlösungskompetenz, Blick für das Wesentliche, strukturiertes Denken, Qualitätsbewusstsein, Freude an Lösungen und Nachhaltigkeit, Leidenschaft, Loyalität, Fehlerkultur, Ergebnisorientierung sowie die Disziplin und die Bereitschaft, festgelegte Standards und Prozesse genau einzuhalten.

Der Autor kann sich nicht erinnern, mehr als ein oder zwei dieser Punkte jemals in einem Bewerbungsschreiben gesehen zu haben.

Literaturverzeichnis

Referenzen (Quellen)

[1]   heise Security vom 18.-21. April 2023 (Heise-Online)

Weitere Literatur (Empfehlungen)

Das „Zero Outage Competency model" beschreibt allgemeine funktionale Fähigkeiten sowie zwischenmenschliche und methodische Kompetenzen. Die „The Zero Outage value chain" beschreibt Berufsprofile (job profiles) und ordnet diesen die notwendigen Kompetenzen der drei Kategorien zu.

[2]   Zero Outage Industry Standard: Competency model; https://zero-outage.com/the-standard/people/competency-model/, abgerufen am 9. Juni 2023

[3]   Zero Outage Industry Standard: The Zero Outage value chain; https://zero-outage.com/the-standard/people/the-zero-outage-value-chain/,   abgerufen am 9. Juni 2023

ELEKTRONISCHES ZUSATZMATERIAL
Die Abbildungen sind als PowerPoint-Datei
über https://link.springer.com/ auf der Seite des eBooks abrufbar.

9 Stichwortverzeichnis (Index)

WICHTIGER HINWEIS FÜR EBOOK-LESER:

Die SEITENZAHLEN in diesem Stichwortverzeichnis entsprechen der Seitenzählung wie sie in der Kopfzeile stehen. Dies ist zum Beispiel Seite 127. Allerdings wurden hierbei die ersten 12 Seiten bis zum Inhaltsverzeichnis NICHT mitgezählt. Wenn ihr Reader jetzt also Seite 139 anzeigt, müssen Sie von allen Angaben im Register immer 12 abziehen.

DIE BEGRIFFSERKLÄRUNGEN BZW. DEFINITIONEN findet man im nachfolgenden Verzeichnis auf den Seiten mit **fettgedruckter** Seitenzahl. Allerdings hat das Textverarbeitungssystem manche dieser Formatierungen eventuell unterschlagen und sie wurden nicht manuell nachgepflegt. Wird auf solche Definitionen an anderer Stelle verwiesen, so ist die Seitenzahl in normaler Schrift (also NICHT FETT) angegeben. Das gilt auch für alle sonstigen Stichworte, die aufgrund ihrer Bedeutung in diesen Index aufgenommen wurden.

© Der/die Herausgeber bzw. der/die Autor(en), exklusiv lizenziert an Springer Fachmedien Wiesbaden GmbH, ein Teil von Springer Nature 2023
E. von Faber, *IT-Service-Security in Begriffen und Zusammenhängen*,

Printed in the United States
by Baker & Taylor Publisher Services